T0209051

essentials liefern aktuelles Wissen in konzentrierter Form. Die Essenz dessen, worauf es als „State-of-the-Art" in der gegenwärtigen Fachdiskussion oder in der Praxis ankommt. *essentials* informieren schnell, unkompliziert und verständlich

- als Einführung in ein aktuelles Thema aus Ihrem Fachgebiet
- als Einstieg in ein für Sie noch unbekanntes Themenfeld
- als Einblick, um zum Thema mitreden zu können

Die Bücher in elektronischer und gedruckter Form bringen das Fachwissen von Springerautorinnen kompakt zur Darstellung. Sie sind besonders für die Nutzung als eBook auf Tablet-PCs, eBook-Readern und Smartphones geeignet. *essentials* sind Wissensbausteine aus den Wirtschafts-, Sozial- und Geisteswissenschaften, aus Technik und Naturwissenschaften sowie aus Medizin, Psychologie und Gesundheitsberufen. Von renommierten Autorinnen aller Springer-Verlagsmarken.

Maximilian M. Gail · Georg Götz ·
Daniel Herold · Phil-Adrian Klotz · Daniel Lüke ·
Johannes Paha · Jan T. Schäfer

Staatliche Eingriffe in die Preisbildung

Darstellung, Erklärung und Wirkungsanalyse

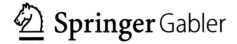

Springer Gabler

Maximilian M. Gail
Justus-Liebig-Universität Gießen
Gießen, Deutschland

Georg Götz
Justus-Liebig-Universität Gießen
Gießen, Deutschland

Daniel Herold
Justus-Liebig-Universität Gießen
Gießen, Deutschland

Phil-Adrian Klotz
Justus-Liebig-Universität Gießen
Gießen, Deutschland

Daniel Lüke
Justus-Liebig-Universität Gießen
Gießen, Deutschland

Johannes Paha
Justus-Liebig-Universität Gießen
Gießen, Deutschland

Jan T. Schäfer
Justus-Liebig-Universität Gießen
Gießen, Deutschland

ISSN 2197-6708   ISSN 2197-6716   (electronic)
essentials
ISBN 978-3-658-40673-8   ISBN 978-3-658-40674-5   (eBook)
https://doi.org/10.1007/978-3-658-40674-5

Die Deutsche Nationalbibliothek verzeichnet diese Publikation in der Deutschen Nationalbibliografie; detaillierte bibliografische Daten sind im Internet über http://dnb.d-nb.de abrufbar.

Planung/Lektorat: Carina Reibold
Springer Gabler ist ein Imprint der eingetragenen Gesellschaft Springer Fachmedien Wiesbaden GmbH und ist ein Teil von Springer Nature.
Die Anschrift der Gesellschaft ist: Abraham-Lincoln-Str. 46, 65189 Wiesbaden, Germany

Was Sie in diesem *essential* finden können

- Eine Erklärung, was Marktversagen ist, wann es auftritt und was seine typischen Formen sind
- Eine Darstellung staatlicher Eingriffe in die Preisbildung sowie eine Erläuterung ihrer Wirkungen im Wohnungsmarkt, den Energiemärkten, dem ÖPNV sowie dem Kraftstoffmarkt
- Einen Einblick in die für ökonomische Analyse und politische Motivation gleichermaßen bedeutende Unterscheidung von Effizienz- und Verteilungsgesichtspunkten

Inhaltsverzeichnis

Einleitung

1

Preise sind das Instrument der unsichtbaren Hand. Wie schon der schottische Moral-philosoph und Stammvater der Nationalökonomie, Adam Smith, festgestellt hat, bewirkt der Preismechanismus, dass Eigennutz und gesellschaftliche Wohlfahrt in Einklang stehen. Das freie Spiel der Marktkräfte sendet in einer Marktwirtschaft über die entsprechenden Preisanpassungen Knappheitssignale an die Akteure des Wirtschaftslebens und steuert durch die damit verbundenen Anreize deren Verhalten. Trotz dieser optimistischen Sicht auf das Marktsystem in Adam Smiths Wealth of Nations[1] und der späteren Formalisierung dieses Resultats in der Walrasianischen allgemeinen Gleichgewichtstheorie beobachten wir in zahlreichen Bereichen staatliche Eingriffe in die Preisbildung und damit in Funktionsweise und Kernbereich des Marktsystems.

Wir untersuchen in diesem Band zum einen Gründe und Ursachen für diese staatlichen Eingriffe, zum anderen beschäftigen wir uns mit deren Folgen, also den ökonomischen Wirkungen dieser Eingriffe. Dabei beschränken wir uns im Hinblick auf die Begründungen im Gefolge der finanzwissenschaftlichen Literatur mit den beiden Kategorien der Allokation und der Verteilung (s. Brümmerhoff, 2011). Staatliche Eingriffe in Märkte können dabei entsprechend auf zwei Arten gerechtfertigt werden. Zum einen ist denkbar, dass ein Markt im volkswirtschaftlichen Sinne funktioniert, aber zu Marktergebnissen führt, deren Verteilungswirkungen in der gesellschaftspolitischen Debatte als unerwünscht und korrekturbedürftig erachtet werden. Dies ist der Verteilungsaspekt. Zum anderen kann aber auch die Funkti-onsfähigkeit eines Marktes eingeschränkt sein. Ein solcher Markt versagt und führt zu einer ineffizienten Allokation.

Der Aufbau dieses Buchs ist wie folgt. Kap. 2 schildert grundlegend eine Reihe möglicher Ursachen von Marktversagen. Deren Korrektur kann als Motivation und

---

[1] https://www.gutenberg.org/files/3300/3300-h/3300-h.htm

M. M. Gail et al., *Staatliche Eingriffe in die Preisbildung*, essentials, https://doi.org/10.1007/978-3-658-40674-5_1

1

Rechtfertigung eines Markteingriffes dienen, durch den eine effiziente Allokation erreicht werden soll. Insbesondere werden externe Effekte, Marktmacht, öffentliche Güter sowie Informationsasymmetrien als Ursachen von Marktversagen diskutiert. Neben einem Marktversagen gehen wir auch auf politische Verteilungsziele als Motivation für Markteingriffe und auf ein mögliches Verfehlen der gewünschten Wirkung eines Eingriffs ein.

In den Kap. 3 und 4 erfolgt eine Diskussion von Eingriffen in Form von Preisregulierung. Hierbei behandeln wir deren Wirkung bezogen auf zwei Arten der Preissetzung: Einerseits sogenannte lineare Tarife (Kap. 3), bei denen ein einheitlicher Preis pro Einheit eines Gutes verlangt wird; unabhängig von der erworbenen Menge sind die Ausgaben pro Stück immer die gleichen. Andererseits nichtlineare Tarife (Kap. 4), beispielsweise in Form einer Kombination aus Grundgebühr und einem Leistungspreis je verbrauchter Einheit. Hier nehmen die Ausgaben pro Einheit mit steigendem Verbrauch ab. In Kap. 3 wird anhand des Wohnungsmarkts illustriert, dass ein Zielkonflikt zwischen der Bereitstellung eines Gutes zu angemessenen Bedingungen auf der einen und hinreichend großen Anreizen für Investitionen in das Angebot des Gutes auf der anderen Seite besteht. In diesem Zusammenhang werden die Wirkungsweise und mögliche nichtintendierte Nebeneffekte einer Regulierung von Preisen in einem Szenario mit linearem Tarif aufgezeigt. Hierbei findet eine Beurteilung der Preisregulierung am Beispiel der deutschen Mietpreisbremse und des Berliner Mietendeckels statt.

Bei einigen Gütern kann ein Zielkonflikt entstehen, wenn Preise einerseits die tatsächliche Knappheit von Gütern widerspiegeln, andererseits aber nicht in sozialen Verwerfungen resultieren sollen, die entstehen können, wenn einkommensschwache Gruppen aufgrund entsprechend hoher Preisniveaus vom Konsum ausgeschlossen werden. Nichtlineare Tarife in Form von Blockpreisen können geeignet sein, diesen Zielkonflikt zu lösen, indem der Preis von der konsumierten Menge abhängt. Am Beispiel des Gasmarktes wird in Kap. 4 erläutert, wie nichtlineare Preise dazu genutzt werden können, auch einkommensschwachen Haushalten zu erschwinglichen Bedingungen die Deckung ihres Grundbedarfs zu ermöglichen. Durch entsprechende Ausgestaltung kann ein selbsttragendes System geschaffen werden, in dem die Belastung für einkommensschwache Haushalte möglichst gering ist und dennoch Sparanreize bestehen.

In Kap. 5 geht es um Güter, die aus gesellschaftlicher Perspektive in unzureichender Qualität oder Quantität angeboten werden, da dies privatwirtschaftlich nicht tragfähig wäre. In diesem Fall bedarf es öffentlicher Finanzmittel, um das gesellschaftlich erwünschte Niveau der entsprechenden Dienste zu erreichen. In Zeiten knapper öffentlicher Mittel ist es zentral, dass die Ziele effizient, also mit möglichst geringem Subventionsbedarf, erreicht werden. Am Beispiel des öffentlichen

Personennahverkehrs (ÖPNV) wird gezeigt, wie angesichts dieser Nebenbedingungen eine optimale (staatliche oder regulatorische) Preissetzung aussehen kann. Ein System wie der ÖPNV, der durch hohe Fixkosten der Bereitstellung sowie stark schwankende Auslastung charakterisiert ist, erfordert für eine effiziente Nutzung Preise, wie sie sich bei einer Spitzenlastbepreisung *(peak-load pricing)* ergeben. In Abgrenzung hierzu wird diskutiert, welche Effizienzeigenschaften ein System einheitlicher Preise hat, wie es im deutschen ÖPNV vielfach zu beobachten ist.

Kap. 6 erläutert Preiseingriffe in Form von Lenkungssteuern am Beispiel der Energiesteuer. Diese sogenannten Pigou-Steuern sind ein marktnaher Eingriff zur Behebung von Marktversagen bei Auftreten externer Effekte, wie sie zum Beispiel Umweltverschmutzung darstellt. In diesem Zusammenhang werden die Anpassungseffekte an einen solchen Preiseingriff dargelegt. Insbesondere die Überwälzung (sog. *pass-through*) einer Steuer an nachgelagerte Marktebenen bis hin zum Konsumenten sowie die Reaktionen der Konsumenten auf eine Veränderung der Preise werden in diesem Kontext betrachtet. Hierbei werden auch Schwierigkeiten bei der Bestimmung dieser Auswirkungen und Überwälzungen diskutiert. Anhand des Beispiels der Energiesteuer (vormals Mineralölsteuer, auch Kraftstoffsteuer) wird in diesem Kapitel verdeutlicht, wie sich eine Veränderung einer Lenkungssteuer, wie etwa durch das Einführen des Tankrabattes in Deutschland von 1. Juni bis zum 31. August 2022[2], auf Anbieter und Nachfrager von Kraftstoffen auswirkt.

Kap. 7 zieht ein kurzes Fazit.

---

[2] https://www.bundestag.de/dokumente/textarchiv/2022/kw20-de-energiesteuersenkungs-gesetz-894664, zuletzt abgerufen am 22.11.2022.

Marktversagen und -eingriffe

2

Ein Markt funktioniert, wenn er die gesamte Wohlfahrt der Marktteilnehmer, also Anbieter und Abnehmer, maximiert, ohne dass Dritte vom Marktgeschehen beeinflusst oder gar beeinträchtigt werden. In der beschriebenen Situation wird von Pareto-Effizienz gesprochen, es ist also nicht möglich, einzelne Marktteilnehmer besser zu stellen, ohne andere schlechter zu stellen. Märkte können jedoch aus verschiedenen Gründen versagen, wie wir im Folgenden darstellen. Auf durch Marktversagen begründete oder auf Verteilungszielen beruhende staatliche Eingriffe und deren Auswirkungen auf das Marktergebnis gehen wir in diesem grundlegenden Kapitel ein. Dabei widmen wir uns auch der Frage, unter welchen Umständen staatliche Eingriffe in den Markt möglicherweise mit hohen Kosten einhergehen und Folgeeingriffe nötig machen können.

Externe Effekte

Märkte versagen, wenn sog. externe Effekte vorliegen, wenn also Personen vom Marktgeschehen beeinflusst werden, die weder als Anbieter noch als Nachfrager auf dem betrachteten Markt aktiv sind. Eine solche Beeinträchtigung tritt bspw. auf, wenn der Produktionsprozess zu Umweltverschmutzungen führt. Die Produzenten orientieren sich in ihrem Marktverhalten, also der Wahl von Preisen, Angebotsmengen, Produktqualitäten und Produktionstechnologien, an ihren Produktionskosten, vernachlässigen dabei aber die gesellschaftlichen Kosten der Produktion (hier in Form der Umweltverschmutzung). Aufgrund dieser negativen externen Effekte sind die Ausbringungsmengen aus gesellschaftlicher Sicht zu hoch, die Preise der betroffenen Produkte zu niedrig.

Zur Verringerung negativer externer Effekte (d. h. zu ihrer Internalisierung) können staatliche Akteure auf eine Reihe von Maßnahmen zurückgreifen. Manche dieser Maßnahmen wie bspw. Verbote zur Nutzung besonders umweltschädlicher Kraftstoffe oder Gebote zum Einbau von Filtertechnologien sind vom Preisbildungs-

M. M. Gail et al., *Staatliche Eingriffe in die Preisbildung*, essentials, https://doi.org/10.1007/978-3-658-40674-5_2

prozess unabhängig.[1] Andere Maßnahmen greifen in den Preisbildungsprozess ein. Zu denken wäre hierbei bspw. an eine Bepreisung von CO_2-Emissionen über Steuern oder die Notwendigkeit zum Erwerb von Emissionszertifikaten. Aber auch die Subventionierung gesellschaftlich erwünschten Verhaltens kann ein probates Mittel zur Internalisierung externer Effekte sein.

Ge-/Verbote werden dabei von Ökonomen häufig als der Bepreisung unterlegen erachtet. Schließlich müsste die jeweilige Behörde oder der Gesetzgeber für jeden Akteur individualisiert festlegen, welche Maßnahme (z. B. Einbau einer Filtertechnologie oder Umstellung eines Produktionsverfahrens) geeignet ist, das gewünschte Ziel mit dem geringsten Ressourceneinsatz zu erreichen. Gerade mit Blick auf den Ressourceneinsatz ist es üblicherweise auch sinnvoll, wenn bspw. bei der Vermeidung umweltschädlicher Emissionen nicht allen Unternehmen das gleiche Reduktionsziel vorgegeben wird, sondern wenn Unternehmen mit geringen Vermeidungskosten eine stärkere Reduktion vornehmen als solche mit hohen Vermeidungskosten. Die ideale Ausgestaltung von Ge-/Verboten stellt daher zum einen hohe Informationsanforderungen an Behörden und Gesetzgeber und erfordert darüber hinaus eine laufende und damit teure Anpassung der Vorgaben beim Aufkommen neuer Technologien.

Ökonomen favorisieren daher meist preisbasierte Lösungen, wonach gesellschaftlich unerwünschtes Verhalten bepreist und gesellschaftlich erwünschtes Verhalten finanziell gefördert wird. Dieser Ansatz findet sich bspw. in einer der Leitideen der Umweltpolitik, dem sog. „Verursacherprinzip" wieder (Phaneuf & Requate, 2016, 41–44). Nach diesem Grundsatz sollen die Kosten umweltrechlicher Maßnahmen dem Verursacher angelastet werden.[2] Zu denken wäre hier bspw. an eine CO_2-Steuer.

Eine Herausforderung stellt jedoch das Festlegen der optimalen Höhe dieser Steuern oder Subventionen dar. Schließlich sollen die CO_2-Emissionen mengenmäßig auf ein bestimmtes Maß begrenzt werden, sodass regelmäßig die Frage zu beantworten ist, in welchem Ausmaß der Preis beeinflusst werden muss, um das gewünschte Mengenziel zu erreichen. Eine zielgenauere Mengensteuerung ist möglich, wenn unmittelbar ein Mengenziel vorgegeben wird, indem bspw. eine bestimmte Menge von Emissionszertifikaten ausgegeben wird, während die Preis-

---

[1] Ordnungsrechtliche Maßnahmen wie Ge-/Verbote werden auch als *command-and-control-policies* bezeichnet. Eine weiterführende Diskussion dieser Form von Eingriffen in Abgrenzung zu marktbasierten Preiseingriffen erfolgt in Kap. 6 dieses Bandes.

[2] Grds. ist auch denkbar, dass Schädiger eine Zahlung erhalten, damit sie die Schädigung reduzieren. Zudem könnte Personen, die eine gesellschaftlich wünschenswerte Leistung erbringen, ein Zwangsgeld auferlegt werden, wenn sie davon zu wenig erbringen. Häufig dürften solche Lösungen aber dem Gerechtigkeitsempfinden zuwiderlaufen.

bildung für diese Zertifikate dem Zertifikatemarkt überlassen wird. In diesem Fall ist allerdings das sich einstellende Preisniveau unbekannt und mit Unsicherheit behaftet.

Marktmacht
Märkte versagen auch im Falle von Marktmacht, die zu überhöhten Preisen führt und verhindert, dass Personengruppen mit einer geringen Zahlungsbereitschaft für ein Gut oder eine Dienstleistung (z. B. aufgrund eines niedrigen Einkommens) das jeweilige Gut erwerben. Das Kartellrecht und damit (1) die Kontrolle von Unternehmenszusammenschlüssen, (2) das Verbot von Preis-, Mengen- und Gebietsabsprachen und (3) das Verbot des Missbrauchs einer marktbeherrschenden Stellung wirkt der Entstehung oder Ausnutzung von Marktmacht (sowohl in Zivilprozessen als auch durch die behördliche Arbeit des Bundeskartellamts) entgegen.

In manchen Märkten, sog. natürlichen Monopolen, verhindern jedoch die Produktionsstrukturen die Entstehung von Wettbewerb. Insbesondere die für die Grundversorgung relevanten Netzindustrien, wie die Versorgung mit Gas, Wasser oder Elektrizität, sind teilweise durch natürliche Monopole gekennzeichnet. Hier sind die Kosten des Aufbaus und der Instandhaltung des Leitungsnetzwerks so hoch, dass ein Aufbau wettbewerblicher Parallelstrukturen sowohl aus privatwirtschaftlicher als auch aus gesellschaftlicher Sicht unwirtschaftlich wäre. Diese natürlichen Monopole sind durch den Umstand charakterisiert, dass die durchschnittlichen Produktionskosten mit jeder weiteren Einheit des produzierten Gutes fallen. Ursächlich hierfür ist insbesondere die sog. Fixkostendegression. D. h. die hohen Fixkosten des (Leitungs-)Netzes können bei einer hohen Ausbringungsmenge auf entsprechend viele Einheiten umgelegt werden, was zu den niedrigen Durchschnittskosten führt. Bei solchen Strukturen würden Markteintritte anderer Unternehmen, die häufig einen Aufbau paralleler Netzstrukturen zu den o. g. hohen Kosten erfordern (Fixkostenduplikation), zu höheren Durchschnittskosten führen als beim Angebot des Gutes oder der Dienstleistung durch lediglich einen einzigen Anbieter. Dieser Anbieter kann das Gut oder die Dienstleistung folglich produktiv effizient erzeugen.

Allerdings ist es einem solchen Unternehmen aufgrund des fehlenden Wettbewerbs auch möglich, Preise oberhalb seiner Produktionskosten zu setzen (allokative Ineffizienz). Um dies zu vermeiden und gleichzeitig die Preis-Kosten-Marge möglichst gering zu halten, kann eine staatliche Regulierung dieser Sektoren ökonomisch sinnvoll sein. In diesem Sinne werden in Deutschland die Elektrizitäts- und Gasnetze durch die Bundesnetzagentur reguliert.[3]

---

[3] Besagte Sektoren sind durch eine Anreizregulierung charakterisiert, die 2009 eingeführt wurde und ebenfalls die Kostenseite der Unternehmen im Blick behält. Weitere Informatio-

In anderen Märkten liegt Marktmacht nicht auf der Angebotsseite, sondern auf der Nachfrageseite vor, wenn also eine Vielzahl von Anbietern einer überschaubaren Zahl von Nachfragern gegenübersteht. Die dadurch begründete Nachfragemacht erlaubt den Abnehmern mitunter, niedrigere Preise zu verhandeln als es bei einer weniger konzentrierten Abnehmerstruktur der Fall wäre. Aufgrund der negativen Auswirkungen niedriger Absatzpreise auf die Anbieter werden in solchen Fällen mitunter Forderungen nach der staatlichen Vorgabe von Mindestpreisen laut. Zu denken ist hier bspw. an Märkte im Agrarsektor, in denen durch die Gemeinsame Europäische Agrarpolitik (GAP) sowie durch verschiedene Maßnahmen Mindestpreise vorgegeben wurden, um so auch Aspekte wie die Versorgungssicherheit und eine Stabilisierung der Märkte zu fördern.

Gerade am Beispiel des Agrarsektors wird jedoch ebenfalls erkennbar, welche Schwierigkeiten derartige Preiseingriffe mit sich bringen können. Aufgrund der staatlichen Eingriffe liegt das Preisniveau von Agrarprodukten innerhalb der EU zum Teil deutlich oberhalb des Weltmarktpreisniveaus, was sich auf die Preise der damit erzeugten Endprodukte auswirkt und damit Endabnehmern schadet. Quotenregelungen, die ebenfalls der Preisstützung dienen, führten zu Überschussmengen (Milchseen und Butterbergen), die von der damaligen Europäischen Gemeinschaft aufgekauft wurden. Die Gegenfinanzierung solcher Maßnahmen belastet die Steuerzahler. Seit den 1990er Jahren werden diese Eingriffe zwar schrittweise abgebaut. Dennoch machen die Kosten der GAP mit 31 % für den Zeitraum 2021–2027 (im Vergleich zu 66 % in den frühen 1980er Jahren) weiterhin einen erheblichen Anteil des Haushalts der Europäischen Union aus (Europäische Union, 2022). Die Instrumente und Zielvorgaben der GAP sind daher deutlicher Kritik ausgesetzt (siehe bspw. Ribhegge, 2011).

Öffentliche Güter

Den o. g. Formen des Marktversagens (externe Effekte und Marktmacht) gilt das Hauptaugenmerk dieses Buchs, da hier Güter von privaten Unternehmen in einem aus gesellschaftlicher Sicht ineffizienten Ausmaß oder zu ineffizienten Preisen angeboten werden. Staatliche Eingriffe in die Preisbildung können diesen Problemen prinzipiell entgegenwirken. Allerdings werden hierdurch häufig weitere Ineffizienzen ausgelöst, die Rufe nach zusätzlichen Markteingriffen laut werden lassen (siehe z. B. Kap. 3 zum Wohnungsmarkt).

---

nen zu den regulatorischen Rahmenbedingungen finden sich auf der Homepage der Bundesnetzagentur, https://www.bundesnetzagentur.de/DE/Fachthemen/ElektrizitaetundGas/ Netzentgelte/Anreizregulierung/start.html (zuletzt abgerufen am 13.12.2022). Weitere Informationen zu den regulierungsökonomischen Hintergründen können Aufsätzen wie bspw. Joskow (2007) entnommen werden.

In einer weiteren Kategorie der Marktversagensgründe werden manche Güter durch Privatunternehmen erst gar nicht bereitgestellt, sodass sie durch öffentliche Unternehmen (oder von Privatunternehmen im öffentlichen Auftrag) angeboten werden müssen. Dies ist der Fall, wenn die Kriterien für sog. öffentliche Güter vorliegen, die Nichtrivalität im Konsum und die Nichtausschließbarkeit vom Konsum.[4] Dem unzureichenden Angebot öffentlicher Güter kann durch ein staatliches oder staatlich finanziertes Angebot begegnet werden. In Kap. 5 dieses Bandes wird dies am Beispiel des öffentlichen Personennahverkehrs diskutiert.

Abweichungen von rationalem Verhalten
Staatliche Eingriffe in die Bereitstellung von Gütern und Dienstleistungen können auch gerechtfertigt sein, wenn Konsumenten in Bezug auf die entsprechenden Güter systematisch von Rationalverhalten abweichen. Forschungsergebnisse zeigen, dass Personen mitunter sog. zeitinkonsistente Präferenzen aufweisen (Loewenstein und Prelec, 1992; Rabin, 1998). Beispielsweise unterschätzen manche Personen im Erwerbsalter den Wert einer privaten Altersvorsorge und würden sich im Rentenalter wünschen, besser abgesichert zu sein. Vor dem Hintergrund solcher verhaltensökonomisch begründbarer Abweichungen vom rationalen Verhalten können staatliche Eingriffe hilfreich sein. Häufig handelt es sich dabei aber nicht um die in diesem Buch behandelten Eingriffe in die Preisbildung.

Informationsasymmetrien
Der Marktmechanismus verfehlt das Wohlfahrtsoptimum auch dann, wenn Personen die für das Treffen bestimmter Entscheidungen relevanten Informationen fehlen. Wenn z. B. die Qualität eines Produktes nur schwer einzuschätzen ist, erwerben Individuen ggf. Produkte, die ihre Bedürfnisse nur unzureichend befriedigen, obwohl bessere Alternativen zur Verfügung stünden. Die Umstände, aus denen solche Informationsasymmetrien erwachsen können, sind vielfältig. Beispielsweise könnte es für eine betroffene Person unmöglich sein, die genaue Qualität eines Produktes zu identifizieren. Alternativ könnte eine betroffene Person dann von der Beschaffung relevanter Informationen absehen, wenn der damit verbundene Aufwand den erwarteten Nutzenzugewinn übersteigt.

Die Effekte asymmetrischer Informationen können vielgestaltig und schwer vorhersagbar sein. Daher sind staatliche Eingriffe, die der Lösung solcher Informationsdefizite dienen sollen, besonders gut zu begründen. Eine Übersicht unterschiedlicher Ursachen und Auswirkungen von Informationsasymmetrien auf Marktergebnisse wird beispielsweise in Borrmann und Finsinger (1999, Kap. 13) präsentiert. Übli-

---

[4] Eine Darstellung der Theorie öffentlicher Güter findet sich bspw. bei Musgrave (1973).

cherweise handelt es sich bei den auf die Lösung von Informationsasymmetrien gerichteten Markteingriffen jedoch nicht um Eingriffe in die Preisbildung sondern bspw. um gesetzliche Regelungen zum Verbraucherschutz.

Verteilungspolitische Ziele
Staatliche Markteingriffe verfolgen nicht immer das Ziel der Korrektur von Marktversagen. Vielmehr werden Marktergebnisse mitunter auch dann als unerwünscht abgelehnt, wenn der Marktmechanismus keine der o. g. Formen von Marktversagen aufweist. Zu denken ist hier an Situationen, in denen Preise (z. B. Mieten oder Gaspreise) aus sozialpolitischen Gründen als zu hoch erachtet werden.

Staatliche Eingriffe in die Preisbildung haben in diesem Zusammenhang grundsätzlich eine Verteilungsdimension: Erstens erfolgt bspw. bei einer Höchstpreisregelung, die den Anbietern eines Gutes die Preissetzung oberhalb eines bestimmten Schwellenwertes verbietet, eine Umverteilung von den Anbietern an die Nachfrager. Zweitens wird mitunter auch eine Umverteilung zwischen Gruppen unterschiedlichen Einkommens bewirkt. Dies ist zum Beispiel der Fall, wenn Personen mit hohem Einkommen üblicherweise eine höhere Menge eines Gutes nachfragen als Personen mit niedrigem Einkommen. Wird in einem solchen Fall ein Preisschema festgelegt, bei dem bis zu einer bestimmten Verbrauchsmenge ein Preis unterhalb der (Grenz-)Kosten gilt, bei einem über diese Menge hinausgehenden Verbrauch jedoch ein Preis oberhalb der (Grenz-)Kosten, dann werden Personengruppen mit niedrigem Verbrauch entlastet. Personengruppen mit hohem Verbrauch werden hingegen belastet. Kap. 4 dieses Bandes diskutiert ein solches Preisschema anhand des Gasmarktes. Drittens kann auch eine Umverteilung zwischen Marktteilnehmern und Steuerzahlern bewirkt werden. Dies ist beispielsweise dann der Fall, wenn den Unternehmen zur Kompensation ihrer durch die Höchstpreisregelung bewirkten Einnahmeausfälle eine Kompensation aus Steuermitteln gezahlt wird.

Aufgrund dieser Verteilungseffekte, welche manche Personengruppen schlechter stellen und bei anderen Vorteile bewirken, muss die Diskussion über diese Maßnahmen im politischen Willensbildungsprozess geführt werden. Die Umsetzung der so gesetzten Ziele sollte jedoch so effizient wie möglich erfolgen. Diese Effizienzbeurteilung umfasst nicht nur die benötigten Haushaltsmittel. Vielmehr sind auch die Wirkungen der Marktverzerrungen zu berücksichtigen, die in ansonsten funktionierenden Märkten durch Umverteilungsmaßnahmen bewirkt werden. Schließlich haben staatliche Eingriffe mitunter auch unerwünschte Wirkungen, die Folgeeingriffe nötig machen, die ihrerseits wiederum Ineffizienzen bewirken und weitere Folgeeingriffe nötig machen können.

In der vorliegenden Publikation werden einige dieser Ineffizienzen und der so bewirkten Folgeeingriffe am Beispiel des Wohnungsmarkt, des Gasmarkts, des öffentlichen Personennahverkehrs und des motorisierten Individualverkehrs dargestellt und beurteilt.

Höchstpreise und lineare Tarife: Der Wohnungsmarkt

3

In der Diskussion von Preissystemen können grundsätzlich zwei Arten der Preissetzung unterschieden werden: lineare und nichtlineare Tarife. In einem linearen Tarif wird ein einheitlicher Preis für alle Einheiten eines Gutes erhoben. Bei linearen Tarifen sind also die durchschnittlichen Ausgaben pro Einheit des Gutes (z. B. der Preis einer Packung Milch) unabhängig davon, wie viele Einheiten des Gutes beschafft werden. Dies ist beispielsweise beim Einkauf im Supermarkt der Fall, wenn die Gesamtausgaben für zwei Packungen Milch dem Doppelten der Gesamtausgaben für eine Packung Milch entsprechen.

Nichtlineare Tarife sind durch den Umstand gekennzeichnet, dass die durchschnittlichen Ausgaben pro Einheit eines Gutes von der Gesamtbezugsmenge abhängen. So werden bspw. im Gasmarkt ein monatlicher Grundpreis und ein Verbrauchspreis pro kWh erhoben. In einer Betrachtung des durchschnittlichen Preises pro kWh wird die Grundgebühr auf den Verbrauch umgelegt, sodass der durchschnittliche Preis pro konsumierter Einheit bei höherem Verbrauch geringer ist als bei niedrigerem Verbrauch. Im Rahmen von Preisdiskriminierungsstrategien bieten die Gasversorger üblicherweise auch unterschiedliche Tarife an, d. h. unterschiedliche Kombinationen aus Grundpreis und Arbeitspreis, die sich an Kundengruppen mit unterschiedlichem Verbrauch wenden. Kap. 4 diskutiert am Beispiel des Gasmarktes verschiedene regulatorische Ausgestaltungen nichtlinearer Tarife.[1]

Das vorliegende Kapitel stellt einige Auswirkungen regulatorischer Eingriffe in den Preisbildungsprozess am Beispiel des Wohnungsmarktes dar. Es zeigt, wie sich Preiskontrollen in Märkten mit linearen Tarifen auswirken können.

Im Folgenden werden zunächst Ziele einer Preisregulierung am Beispiel der deutschen Mietpreisbremse und des Berliner Mietendeckels dargestellt. Der Rest

---

[1] Eine ausführlichere Darstellung der Möglichkeiten zur Ausgestaltung nichtlinearer Tarife und deren Bedeutung für Marktergebnisse, geben Borrmann und Finsinger (1999, Kap. 7).

des Abschnitts widmet sich der Frage, ob diese Ziele durch Regeln zur Begrenzung von Mietpreisen (Regeln der 1. Generation) oder zur Begrenzung von Mietpreissteigerungen (Regeln der 2. Generation), die überdies Ausnahmen zur Stimulierung der Neubau- und Modernisierungstätigkeiten enthalten können, erreicht werden können. Während die ökonomische Literatur bis in die 1950er/60er Jahre vornehmlich negative Wirkungen von Mietpreisbremsen und Mietendeckeln aufzeigte, wurden bis in die 1990er Jahren auch Möglichkeiten dargestellt, unter denen diese regulatorischen Eingriffe positive Wohlfahrtswirkungen generieren können (Arnott, 1995, z. B. als Maßnahme zur Begrenzung der Auswirkungen von Marktmacht auf der Vermieterseite). Im Folgenden werden insbesondere jüngere Studien präsentiert, die sich empirisch mit der Frage befassen, ob die negativen oder die positiven Effekte von Mietpreisbremsen und Mietendeckeln in der Realität überwiegen. Abschließend wird auf mögliche Alternativen zu einer Mietpreisbremse eingegangen.

3.1   Ziele

Im Jahr 2015 trat in Deutschland die sog. Mietpreisbremse in Kraft. So darf die Miete zu Beginn eines Mietverhältnisses nach § 556d BGB die ortsübliche Vergleichsmiete um höchstens 10 % übersteigen. Demnach handelt es sich zwar nicht um eine fixe Obergrenze für das zulässige Mietniveau, wie es beim Berliner Mietendeckel der Fall war,[2] durch eine solche Begrenzung des Anstiegs der Mieten wirkt sich die Mietpreisbremse dennoch ähnlich aus. Denn durch die Begrenzung von Mietsteigerungen wird die zulässige Höhe der Miete – wie bei einer Höchstpreisregelung – auf einem Niveau unterhalb desjenigen festgeschrieben, das sich bei freiem Wirken der Marktkräfte ergäbe. Im konkreten Fall der Mietpreisbremse in Deutschland wird dadurch zumindest in „bestimmten Gebieten mit angespanntem Wohnungsmarkt" (§ 556d (1) BGB) eine Preissteigerung limitiert.

Gemäß § 556d BGB soll durch die Mietpreisbremse in Gebieten mit angespannten Wohnungsmärkten zur Versorgung der Bevölkerung mit Mietwohnungen zu angemessen Bedingungen beigetragen werden. Solche Situationen können sich insbesondere dann ergeben, wenn die Mieten deutlich oberhalb des bundesweiten Durchschnitts liegen oder deutlich stärker als im bundesweiten Durchschnitt steigen, wenn die Wohnbevölkerung stärker wächst als der neugeschaffene Wohnraum oder wenn geringer Leerstand bei großer Nachfrage besteht.

---

[2] Der Wortlaut des *Gesetzes zur Neuregelung gesetzlicher Vorschriften zur Mietenbegrenzung im Wohnungswesen in Berlin* vom 11. Februar 2020 findet sich hier: https://www.berlin.de/sen/justiz/service/gesetze-und-verordnungen/2020/ausgabe-nr-6-vom-22-2-2020-s-49-56.pdf (abgerufen am 01.12.2022).

Ein wesentlicher Unterschied zwischen reinen Mietendeckeln (Regeln der 1.
Generation) und Mietpreisbremsen (Regeln der 2. Generation) liegt im Umstand,
dass Letztere häufig auch Ausnahmen vorsehen (Arnott, 1995, S. 102). So erlaubt
§ 556e BGB i. V. m. § 559 BGB in gewissem Rahmen Ausnahmen von der Mietpreisbremse für Wohnungen, die in den letzten drei Jahren vor Beginn des Mietverhältnisses umfassend modernisiert wurden. § 556f BGB nimmt zudem Wohnungen
von der Mietpreisbremse aus, die nach dem 01.10.2014 erstmals genutzt und vermietet wurden. So soll vermieden werden, dass sich die Mietpreisbremse negativ
auf die Modernisierungs- und Neubautätigkeit auswirkt.

Damit können grundsätzlich drei Ziele identifiziert werden: Zum einen sollen
mehr Personen mit Wohnraum versorgt werden. Zum anderen soll die Versorgung
mit Wohnraum zu „angemessenen Bedingungen" (§ 556d (2) BGB) erfolgen. Es
besteht jedoch ein Konflikt zwischen diesen beiden Zielen, weil privatwirtschaftliche Investitionen in mehr Wohnraum üblicherweise nur dann vorgenommen werden,
wenn sich damit eine mit alternativen Anlagemöglichkeiten vergleichbare Rendite
erzielen lässt. Daher kann das dritte Ziel als eine Nebenbedingung verstanden werden, d. h. Investitionen in Neubauten und Modernisierungen sollen durch die Mietpreisbremse nicht beschränkt werden.

Der Blick in gängige Lehrbücher zur Volkswirtschaftslehre (wie bspw. Krugman
& Wells, 2021) zeigt, dass staatliche Preiseingriffe zwar geeignet sein können,
einzelne der gesetzten Ziele zu erreichen. Allerdings verursachen die Eingriffe dabei
häufig Ineffizienzen, die im Folgenden dargestellt werden. Insbesondere hat sich
bei manchen Regelungen zur Begrenzung von Mieten und Mietpreissteigerungen
gerade die gegenteilige Wirkung der eigentlichen Zielsetzung gezeigt. Sie haben zu
steigenden Mieten und einer Verknappung bezahlbaren Wohnraums beigetragen.

3.2 Beurteilung

Nachfrageüberhang

Zwei zentrale Ausgangspunkte für Eingriffe in den Wohnungsmarkt sind Mieten,
die als übermäßig betrachtet werden, und eine als unzureichend empfundene Bereitstellung von Wohnraum. Folglich ist zu fragen, unter welchen Umständen es zu
Preisen kommt, die auf einem Niveau liegen, das als unangemessen hoch beurteilt
wird: Üblicherweise handelt es sich bei steigenden Preisen um eine Anpassungsreaktion, wenn die von einem Gut nachgefragte Menge bei einem bestimmten Preis
die angebotene Menge übersteigt. Dies kann der Fall sein, wenn die Nachfrage im
Zeitablauf steigt (z. B. aufgrund eines Urbanisierungstrends) oder wenn das Angebot sinkt (z. B. aufgrund steigender Kosten zur Bereitstellung von Wohnraum).

Diese Anpassungsreaktion des Preises wird durch staatlich verordnete Höchstpreise und Begrenzungen des zulässigen Preisanstiegs verhindert, Knappheitssignale werden unterbunden (Necker & Steuernagel, 2022). Da die nachgefragte
Menge des Gutes (hier: Wohnraum) bei unveränderten Preisen ebenfalls unver-
ändert bleibt, wird ein Nachfrageüberhang geschaffen oder verfestigt, der nun nicht
durch einen Anstieg der Quadratmetermieten abgebaut wird. Manche Wohnungssuchende, die bei einer höheren Quadratmetermiete auch außerhalb des preisregulierten Gebiets nach einer Wohnung gesucht hätten, suchen angesichts der niedrigen
Mietpreise nun innerhalb der preisregulierten Region. Manche Bestandsmieter, die
bei steigenden Quadratmetermieten einen Wohnungswechsel erwogen hätten, ver-
bleiben in ihrer Wohnung.

Angebotsverknappung
Ebenso nehmen manche Vermieter, die eine Wohnung zu den höheren, unregulierten
Quadratmetermieten am Markt angeboten hätten, diese nun zwecks Eigennutzung
oder Umwandlung in eine Eigentumswohnung vom Markt. Diamond et al. (2019)
zeigen, dass Wohnungen, die von einer Mietpreisbremse in San Francisco betroffen
waren eine um 8 Prozentpunkte erhöhte Wahrscheinlichkeit aufwiesen, in Eigentumswohnungen oder die Eigennutzung überführt zu werden. Sims (2007) zeigt,
dass Wohnungen in Gegenden von Cambridge, Massachusetts, die von einer Mietpreisbremse betroffen waren, nach der Abschaffung dieser Mietpreisbremse eine
um 7 Prozentpunkte höhere Wahrscheinlichkeit hatten (wieder) in Mietwohnungen
umgewandelt zu werden als Wohnungen, die zuvor in Gegenden ohne Mietpreisbremse lagen. Die Mietpreisbremse hatte also in beiden Beispielen das Angebot
von Mietwohnungen beschränkt.

Auf diese Weise wird durch eine Begrenzung der Mieten oder der Mietpreissteigerungen nur eines der beiden Ziele *Versorgung mit Wohnraum* und *angemessenes
Mietpreisniveau* erreicht. Zwar ist denkbar, dass das Niveau der Mietpreise von manchen Branchenbeobachtern gemäß ihrer individuellen Wertvorstellungen als *angemessen* beurteilt wird. Das Ziel der *Versorgung mit Wohnraum* wird aber angesichts
des Nachfrageüberhangs und der Angebotsverknappung noch verschärft. Durch
reine Preiseingriffe ist es nicht möglich, den Erreichungsgrad beider Ziele gleichzeitig zu erhöhen. Auf das dritte Ziel bzw. die Nebenbedingung, dass Investitionen
in Neubauten und Modernisierungen durch die Mietpreisbremse nicht beschränkt
werden sollen, wird weiter unten näher eingegangen.

Angesichts der Verschärfung der Wohnraumknappheit wurde die Mietpreisbremse in Cambridge, Massachusetts, daher um Regeln ergänzt, die es erschweren
sollten, Wohnungen vom Markt zu nehmen oder in Eigentumswohnungen zu über-
führen (Autor et al., 2014; Sims, 2007). Für eine Diskussion der in diesen Artikeln

identifizierten Auswirkungen dieser Regeln sei an dieser Stelle auf den Unterabschnitt bezüglich Investitionsanreizen verwiesen. In Deutschland gibt es mit der Verabschiedung von Erhaltungssatzungen zum Milieuschutz ein ähnliches Instrument. So können Gemeinden nach § 172 Baugesetzbuch (BauGB) Gebiete benennen, in denen der Rückbau, die Änderung oder die Nutzungsänderung baulicher Anlagen der Genehmigung bedürfen. Neben der Erhaltung von das Orts-, Stadt-, oder Landschaftsbild prägenden Bauten kann eine Genehmigung zur Umwandlung von Mietwohnungen in Eigentumswohnungen auch dann versagt werden, wenn so die Zusammensetzung der Wohnbevölkerung erhalten werden soll.

Fehlallokation

Regelmäßig führen Höchstpreise auch zu einer ineffizienten Verteilung von Wohnungen zwischen Wohnungssuchenden und Bestandsmietern. Das Ehepaar, dessen Kinder die bereits seit Jahren gemietete Wohnung längst verlassen haben, sodass deren Zimmer nun als Yogazimmer und Büro genutzt werden, sieht zu den staatlich regulierten Preisen keinen Grund, in eine kleinere Wohnung umzuziehen, obwohl sie bei höheren Mieten einen Umzug erwägen würden. Die junge Familie, die angesichts von Homeschooling und Homeoffice eine größere Wohnung sucht und zu marktgängigen Mieten auch bezahlen könnte, findet am Markt kein passendes Angebot. Diese Fehlallokation ist ein zentraler Mechanismus im Modell von Chapelle et al. (2019), das an den Wohnungsmarkt von Paris angelehnt ist. Dort befinden sich 54 % der Arbeitsplätze in einem Umkreis von 10 km um das Stadtzentrum. Chapelle et al. (2019) zeigen, dass in einem Markt ohne Begrenzung der Mietpreise die Mieten zum Stadtzentrum hin ansteigen, da erwerbstätige Personen sich eine Wohnung in der Nähe des Stadtzentrums suchen, um ihre Fahrtzeiten zu reduzieren. Nicht im Erwerbsleben stehende Personen wohnen in einer größeren Entfernung zum Stadtzentrum. Allerdings sind in Paris 38 % der Wohnungen einer Mietpreisbremse unterworfen. Dies begrenzt diesen Selektionseffekt. In den der Mietpreisbremse unterworfenen Wohnungen wohnen nun auch nicht im Erwerbsleben stehende Personen näher am Stadtzentrum. Zusätzlich zu dieser Fehlallokation entsteht auch ein schärferer Wettbewerb um die nicht der Mietpreisbremse unterworfenen Wohnungen. Für diese Wohnungen steigt die Miete zum Stadtzentrum hin deutlich stärker an, als es in einem nicht regulierten Markt der Fall wäre.[3]

---

[3] Zentral für den beschriebenen Effekt ist, dass es Personen mit einer hohen Wertschätzung für das Wohnen in Innenstadtnähe gibt, und dass es Personen gibt, für die die Nähe zur Innenstadt eine eher untergeordnete Rolle spielt. Die dargestellte Fehlallokation tritt auch auf, wenn die Trennlinie zwischen beiden Gruppen nicht nur durch deren Status im Erwerbsleben sondern auch durch weitere Faktoren bestimmt wird.

Bulow und Klemperer (2012) zeigen anhand modelltheoretischer Überlegungen für einen wettbewerblichen Markt, dass für ein weites Spektrum von Anbieter- und Nachfragerreaktionen, bei alleiniger Betrachtung der Wohlfahrt der Mieter, der negative Teileffekt (d. h. Wohnungssuchende mit hohem Wohnraumbedarf finden keine Wohnung) den positiven Teileffekt (d. h. die Bestandsmieter profitieren von niedrigen Mieten) überwiegt. Zwar kann es kurz nach der Einführung einer Begrenzung der Mietpreise (oder ihres Anstiegs) auch zu einem positiven Nettoeffekt kommen. Dieser positive Nettoeffekt ist jedoch zeitlich begrenzt und schlägt danach üblicherweise in einen negativen Nettoeffekt um, was im Folgenden dargestellt wird.

Ein positiver Nettoeffekt tritt auf, wenn jede Wohnung zunächst an Mieter vermietet ist, die die größte Wertschätzung für diese Wohnung aufweisen. Die o. g. Fehlallokation tritt dann (noch) nicht auf. Diese bestünde darin, dass eine Wohnung an Bestandsmieter mit einem vglw. geringen Nutzen aus der Wohnung vermietet ist, während es Wohnungssuchende gibt, die einen höheren Nutzen aus der Wohnung ziehen würden aber keinen Wohnraum finden. In diesem Fall profitieren die Bestandsmieter von sinkenden (oder weniger stark steigenden) Mieten, ohne dass potentielle Wohnungssuchende mit höherer Zahlungsbereitschaft keine Wohnung finden. Dies gilt zumindest, sofern von den Vermietern keine Wohnungen vom Markt genommen werden. Von einer solchen Verknappung des Wohnungsangebots ist jedoch mittel- bis langfristig auszugehen, wie oben dargestellt wurde. Im Zeitablauf und angesichts des Auftretens neuer Wohnungssuchender tritt nun das Fehlallokationsproblem verstärkt auf, wonach Wohnungen an Mieter vermietet sein können, deren Nutzen aus der Wohnung unterhalb des Nutzens von Wohnungssuchenden liegt.

Autor et al. (2014) liefern empirische Evidenz für diesen Effekt. Nach der Abschaffung einer Mietpreisbremse in Cambridge, Massachusetts, zogen Bestandsmieter überdurchschnittlich häufig aus Wohnungen aus, die vorher der Mietpreisbremse unterworfen waren. Hierdurch vollzog sich ein Wandel in der Mieterstruktur hin zu Mietern mit einer höheren Zahlungsbereitschaft für die Wohnungen. Weitere Aspekte dieses Wandels werden unten näher beleuchtet.

Ineffiziente Ressourcenverwendung
Als weitere Ineffizienz neben dem Nachfrageüberhang, der Verknappung des Wohnungsangebots durch die Vermieter und der ineffizienten Verteilung der Wohnungen zwischen Bestandsmietern und Wohnungssuchenden nehmen bei letzteren aufgrund der Preisregulierung auch die Zeit und Mühen zu, die sie auf die Suche verwenden. So zeigt Oust (2018) anhand einer Analyse der Abschaffung einer Mietpreisbremse in Oslo, dass Wohnungssuchende dort zu Zeiten der Mietpreisbremse mehr Zeit und

Geld aufwenden mussten, um eine Wohnung zu finden als nach deren Abschaffung. Die dortige Mietpreisbremse war zu Zeiten des ersten Weltkriegs eingeführt und im Jahr 1982 abgeschafft worden. Seine Ergebnisse zeigen zudem, dass die Wohnungssuchenden sich häufiger mit Wohnungen zufrieden geben mussten, die ihren Wünschen zu Wohnungsgröße, Ausstattung und Lage nur eingeschränkt entsprachen.

Die Ergebnisse von Oust (2018) basieren auf einer Auswertung von Zeitungsannoncen vor und nach der Aufhebung der Mietpreisbremse. So wurden während der Mietpreisregulierung verstärkt Wohnungs*suchen* inseriert, während nach der Abschaffung der Mietpreisbremse Wohnungs*angebote* dominierten. Die Wohnungsangebote enthielten zudem seltener Kriterien, die die Mieter erfüllen sollten (z. B. Geschlecht, Alter, Familienstand, Beschäftigung). Die Inserate der Wohnungssuchenden enthielten weniger Zusatzleistungen (z. B. Babysitting, Gartenarbeit, Schneeräumen, Renovierungsleistungen, Hausmeistertätigkeiten), die die Wohnungssuchenden über die Mietzahlung hinaus anboten oder die von den Vermietern verlangt wurden. Ebenfalls reduzierte sich durch die Abschaffung der Mietpreisbremse die geforderte Kautionshöhe. Insgesamt können diese Ergebnisse als Beleg dafür gesehen werden, dass im Fall einer Mietpreisbremse die Zuteilung von Wohnraum, Ökonomen sprechen hier von Rationierung, auf Basis individueller Merkmale der Wohnungssuchenden erfolgt. Es wird also, anders als bei einer Rationierung über den Marktmechanismus, nicht (nur) über Zahlungsbereitschaft und Zahlungsfähigkeit diskriminiert, sondern (auch) über individuelle Merkmale.

Mangelnde oder verzerrte Investitionsanreize
Die bereits oben angesprochenen Konflikte zwischen den politischen Zielen werden im Folgenden am Beispiel der Investitionsanreize dargestellt: Maßnahmen zur Begrenzung der Mietpreise machen Modernisierungs- und Neubauinvestitionen für Vermieter unattraktiver. Daher ist von einer im Zeitablauf sinkenden Qualität des Wohnungsangebots auszugehen. Bspw. bewirkte die Begrenzung der Mieten in Cambridge, Massachusetts, dass die Qualität der Wohnungen mit Mietpreisbremse deutlich unterhalb derer ohne Mietpreisbremse lag. Die Wahrscheinlichkeit, dass eine Wohnung von mangelnder Instandhaltung (z. B. abblätternde Farbe, Löcher in den Wänden, lose Handläufe) betroffen war, reduzierte sich nach der Abschaffung der Mietpreisbremse um 6 Prozentpunkte (Sims, 2007).[4]
Gerade in Zeiten, in denen Investitionen in die Energieeffizienz der Gebäude als Maßnahme zur Begrenzung des Klimawandels vielfach als dringend geboten

---

[4] Durch diese Aufwertung wurde insgesamt auch die Lebensqualität in ganzen Stadtteilen erhöht (Autor et al., 2014).

erachtet werden, ergeben sich aus Mietendeckeln und Mietpreisbremsen negative Auswirkungen auf die Neubau- und Modernisierungstätigkeit. Dies erklärt, warum modernisierte Wohnungen und Neubauten von der deutschen Mietpreisbremse nach den §§ 556e, 556f und 559 BGB (teilweise) ausgenommen sind. Durch diese Ausnahmen wird die Erreichung der Nebenbedingung begünstigt, Investitionen in Neubauten und Modernisierungen durch die Mietpreisbremse nicht zu beschränken.

Allerdings wird durch diese Ausnahmen die Erreichung des Ziels angemessener Mietpreise wiederum erschwert. In manchen Fällen, in denen Ausnahmen für Investitionen bestanden, kam es sogar zu Situationen, in denen die Mieten für die von der Mietpreisbremse ausgenommenen Wohnungen über das Maß hinaus anstiegen, das in einem vollständig unregulierten Markt vorgeherrscht hätte. Fallis und Smith (1984) modellieren bspw. einen Markt, in dem die Mieten für Bestandswohnungen staatlich reguliert werden, während die Mieten für neuerrichtete Wohnung keiner solchen Regulierung unterliegen. Steigt nun die Nachfrage nach Wohnraum in einem bestimmten Gebiet an, während die Bestandswohnungen (weitestgehend) von den bisherigen Mietern belegt sind, so konzentriert sich die zusätzliche Nachfrage auf neuerrichtete Wohnungen. In Konsequenz können sich im unregulierten Markt für neuerrichtete Wohnungen Mieten einstellen, die oberhalb der Mieten in einer Situation ohne Mietpreiskontrollen liegen. Dieser Effekt ist besonders stark, wenn Investoren befürchten, auch die Mieten für neuerrichtete Wohnungen könnten später einer Regulierung unterworfen werden, wodurch deren Investitionsbereitschaft und Bautätigkeit trotz der Ausnahmen weiter gebremst wird.

Neben dem Einfluss der Mietpreisbremse auf die Stärke der Investitionstätigkeit ist auch die Struktur der Investitionen zu beachten. Insbesondere können sich aus Ausnahmeregelungen für die Modernisierungs- und Neubautätigkeit negative Effekte auf die Erreichung des Ziels der Erhöhung des Angebots von Wohnraum im mietregulierten Segment ergeben. So zeigen Diamond et al. (2019) empirisch, dass eine Regulierung der Mieten in San Francisco nicht nur die Gesamtzahl der angebotenen Mietwohnungen reduzierte. Überdies kam es zu einer Verschiebung im Angebot weg von Wohnungen mit einer regulierten Miete hin zu Neubauten, die von der Regulierung ausgenommen waren. Dies trägt zu einem sozialen Ungleichgewicht bei, da die entsprechend teureren Wohnungen in Neubauten insbesondere von Mietern mit einem (in San Francisco im Schnitt um 18 %) höheren Einkommen nachgefragt werden. Ausnahmen für Neubauten und Modernisierungen begünstigen also sog. Luxussanierungen und somit den Trend zur Gentrifizierung. Diesem Trend sollen nach § 172 BauGB in deutschen Gemeinden die Erhaltungssatzungen zum Milieuschutz entgegenwirken, wonach Genehmigungen zur Nutzungsänderung von Gebäuden versagt werden können, um die Zusammensetzung der Wohnbevölkerung zu erhalten.

Um der Reduktion des Angebots mietpreisregulierter Wohnungen einen Riegel vorzuschieben, war in Cambridge, Massachussets, die Möglichkeit, Wohnungen der Mietpreisbremse durch (1) Umwandlung in Eigentumswohnungen, (2) die Eigennutzung oder (3) Modernisierungsmaßnahmen zu entziehen, stark begrenzt worden. Mit Blick auf die Höhe der Mietpreise führte dies offenbar sogar zu einer verbesserten Zielerreichung. Da die Zahl der der Mietpreisbremse unterworfenen Wohnungen kaum abnahm, stand ein vglw. großes Angebot dieser Wohnungen dem Angebot von Wohnungen gegenüber, die nicht der Mietpreisbremse unterlagen. Da beide Wohnungstypen grds. dem gleichen Verwendungszweck dienen und somit (zumindest eingeschränkt) substituierbar sind, führte das unvermindert hohe Angebot mietpreisregulierter Wohnungen offenbar zu einer Situation, in der auch die Mieten in nicht der Mietpreisbremse unterworfenen Wohnungen unterhalb des Niveaus lagen, das sich ohne die Mietpreisbremse ergeben hätte. Ein Beleg hierfür ist der Anstieg des Mietenniveaus bei *beiden* Wohnungstypen nach der Abschaffung der Mietpreisbremse (Autor et al., 2014).

Allerdings wirkten sich diese Maßnahmen wiederum negativ auf die Investitionsanreize aus. Vor der Abschaffung der Mietpreisbremse hatte die Qualität der Wohnungen in Cambridge, wie oben ausgeführt, auf einem vglw. niedrigen Niveau gelegen. Erst mit der Abschaffung der Mietpreisbremse zogen die Neubau- und Modernisierungsinvestitionen spürbar an, wodurch die Qualitäts- und Immobilienpreisunterschiede zwischen vormals der Mietpreisbremse unterworfenen und nicht unterworfenen Wohnungen reduziert wurden (Autor et al., 2014).

Diese Ausführungen verdeutlichen die Schwierigkeiten einer gleichzeitigen Erreichung der drei mit der Mietpreisbremse verfolgten Ziele. Niedrige Preise mindern Investitionsanreize. Ausnahmeregeln für Neubauten und Modernisierungen mindern die Versorgung mit mietpreisreguliertem Wohnraum. Dieser Mangel an Wohnraum trägt wiederum zu steigenden Mieten bei.

Die durch staatliche Eingriffe in die Preisbildung verursachten und auf den Zielkonflikten beruhenden Ineffizienzen sollen folglich durch immer weitere Markteingriffe eingehegt werden. Deren Notwendigkeit ergibt sich, da durch den Eingriff in die Preise nur die Symptome, aber nicht die Ursachen für hohe Mieten, Wohnraumknappheit und Änderungen in der Zusammensetzung der Wohnbevölkerung bekämpft werden. Diese Ursachen sind bspw. die Knappheit von Grundstücken und Trends zur Urbanisierung, die auch in einer mangelnden Bereitstellung von z. B. Verkehrs- und Telekommunikationsinfrastruktur im Umland begründet liegen (Bundesinstitut für Bau-, Stadt- und Raumforschung, 2017).

Korrektur von Marktversagen

Angesichts der o. g. Ineffizienzen rieten viele Ökonomen (insb. in den USA in der Mitte des 20. Jh.) von staatlichen Eingriffen in Wohnungs- bzw. Immobilienmärkte ab (Arnott, 1995). Dieser Ratschlag unterstellt jedoch, dass diese Märkte auch ohne staatliche Markteingriffe hinreichend gut funktionieren. Etwaige Formen des Marktversagens seien so schwach ausgeprägt, dass der staatliche Eingriff mehr unerwünschte Nebenwirkungen aufweise als er zur Linderung mancher Symptome von Marktunvollkommenheiten beitrage (Smith et al., 1988). Dies bedeutet umgekehrt aber auch, dass staatliche Markteingriffe dann wohlfahrtssteigernd sein können, wenn ein Markt hinreichend stark von Marktversagen betroffen ist. Im Folgenden wird dies dargestellt.

Ein Grund für Marktversagen in Form einer verminderten Anpassungsreaktion der Mieter auf Mietsteigerungen kann im Vorliegen sogenannter Wechselkosten bestehen. Diese hängen eng mit der Immobilität des Wohnraums zusammen. Schließlich wird mit dem Bezug einer Wohnung mitunter nachbarschaftliches Kapital in Form eines Netzwerks von Freunden, Familie, Nähe zum Arbeitsplatz, Schulen etc. aufgebaut (Diamond et al., 2019), das bei einem Wohnungswechsel nicht unbedingt mitgenommen werden kann. Dies eröffnet den Vermietern Preiserhöhungsspielräume, da Bestandsmieter mit steigender Stärke dieser Effekte immer weniger geneigt sein werden, auf eine Mieterhöhung mit der Suche nach einer anderen Wohnung in einer anderen Gegend zu reagieren.

Die den Vermietern so eröffnete Möglichkeit, Mieten oberhalb der Kosten zur Bereitstellung des Wohnraums festzulegen, kann durch eine Mietpreisbremse mglw. begrenzt werden. Einen Beleg hierfür liefert ebenfalls die empirische Studie von Diamond et al. (2019). Diese zeigt, dass nach der Ausweitung einer Regelung zur Mietpreisbremse in San Francisco im Jahr 1994 Mieter, die unmittelbar danach in Wohnungen mit Mietpreisbremse lebten, 5–10 Jahre später um nahezu 20 % seltener die Wohnung (und auch seltener den Wohnort) gewechselt hatten als Mieter, die in Wohnungen ohne Mietpreisbremse gelebt hatten. Diese Effekte sind umso stärker stärker, je länger die Mieter eine Wohnung zuvor bereits bewohnt hatten.

Verteilungseffekte

Mitunter erhofft man sich durch eine Mietpreisbremse auch positive Verteilungseffekte. In Anbetracht unterschiedlicher Vermögens- und Einkommensverhältnisse wäre denkbar, dass Bestandsmietern mit einem hohen Nutzen aus der Wohnung aber geringen Einkommen deren Nutzung ermöglicht wird, während Wohnungssuchende mit einem geringem Nutzen aus der Wohnung und hohem Einkommen nicht zum Zuge kommen. Die Mietpreisbremse würde in diesem Beispiel also für einen sozialen Ausgleich sorgen. Auf den ersten Blick scheinen Diamond et al. (2019)

und Autor et al. (2014) empirische Evidenz hierfür zu liefern. Letztere zeigen, dass nach der Abschaffung einer Mietpreisbremse in Cambridge Bestandsmieter überdurchschnittlich häufig aus den vormals regulierten Wohnungen auszogen und durch Mieter mit einem höheren Einkommensniveau ersetzt wurden.

Diese Evidenz bedarf jedoch einer eingehenderen Betrachtung. Zum einen besteht kein Mechanismus, wonach Bestandsmieter mit einem geringen Einkommen systematisch durch eine Mietpreisbremse davor geschützt wären, von Wohnungssuchenden mit hohem Einkommen verdrängt zu werden. Vielmehr handelt es sich eher um zufällige Wirkungen. Ebenso gut ist es möglich, dass Bestandsmieter mit hohem Einkommen von den niedrigeren Mieten profitieren, während Wohnungssuchende mit geringem Einkommen trotz der Mietpreisbremse keinen Wohnraum finden. So waren in Cambridge, Massachusetts, nur 26 % der von der Mietpreisbremse betroffenen Wohnungen von Mietern bewohnt, die dem untersten Viertel der Einkommensverteilung entstammen, während 30 % der Wohnungen von Mietern bewohnt wurden, die der oberen Hälfte der Einkommensverteilung zuzurechnen sind (Sims, 2007).

Zum anderen liefert die empirische Evidenz, wonach nach dem Ende einer Mietpreisbremse in Cambridge einkommensschwache Mieter vornehmlich durch einkommensstärkere Mieter ersetzt werden, ebenfalls keinen Beleg für eine als gerecht empfundene Verteilungswirkung der Mietpreisbremse. Vielmehr handelt es sich hier bei genauerer Betrachtung um einen Selektionseffekt, den viele als ungerecht empfinden dürften. Denn die der Mietpreisbremse unterworfenen Wohnungen wiesen aufgrund der o. g. Reduktion von Anreizen zur Vornahme von Investitionen meist einen niedrigeren Standard auf als Wohnungen, die nicht der Mietpreisbremse unterlagen (Autor et al., 2014; Sims, 2007). Die Mietpreisbremse begünstigte also die Verfestigung eines Segments mit zwar bezahlbaren aber gleichzeitig qualitativ unterdurchschnittlichen Wohnungen. Dies förderte eine auf einzelne Stadtteile bezogene Spaltung der Wohnbevölkerung nach Einkommensgruppen.

Regeln zur Mietpreisbremse sind also geeignet, eine räumliche, d. h. auf Stadtteile bezogene, Trennung von Personen mit unterschiedlichem Einkommen Vorschub zu leisten und somit die Gentrifizierung einzelner Stadtteile zu fördern. Schließlich wurde oben dargestellt, dass Ausnahmen von der Mietpreisbremse zu verstärkten Investitionen in Neubauten und Modernisierungen führen können, die sich aufgrund des erhöhten Mietpreisniveaus insbesondere an Wohnungssuchende mit höherem Einkommen richten Autor et al. (2014, S. 663).

Politökonomische Aspekte
Während die positiven Effekte einer Regelung zur Mietpreisbremse also vor allem Bestandsmietern zukommen, ergeben sich negative Effekte insbesondere für Woh-

nungssuchende. Wenn Bestandsmieter mit geringerer Wahrscheinlichkeit die Wohnung wechseln, werden weniger Wohnungen für neue Mieter frei. Dieser Effekt wird noch verstärkt, wenn ein Teil dieser Wohnungen beim Freiwerden in Eigentumswohnungen umgewandelt oder durch umfassende Modernisierungen der Mietpreisbremse entzogen wird.

Aus einer politökonomischen Perspektive wurde in Anbetracht dieser Effekte bereits angemerkt, dass Mietpreisbremsen insbesondere von den Bestandsmietern, also einer klar identifizierbaren Wählergruppe, befürwortet werden. Wohnungssuchende als mutmaßlich Leidtragende einer Mietpreisbremse sind politisch jedoch häufig unterrepräsentiert. Schließlich kommt ihnen in einer Stadt erst ein Gewicht als Wähler zu, sobald sie dort eine Wohnung gefunden haben und gemeldet sind (Diamond et al., 2019). Entsprechend stimmten bei einer Abstimmung in Massachusetts im November 1994 insbesondere die Nutznießer der dortigen Mietpreisbremse für deren Beibehaltung (Autor et al., 2014).

Außerdem ist die Zahl der Mieter häufig höher als die Zahl der Vermieter (Arnott, 1995), sodass zu erwarten wäre, dass ersteren in Abstimmungen nach der Mehrheitsregel ein größeres Gewicht zukommt. Mitunter wurde aber auch die Frage gestellt, warum Regelungen zur Begrenzungen der Mietpreise angesichts dieses zahlenmäßigen Ungleichgewichts nicht noch häufiger beobachtet werden. Eine mögliche Erklärung dieser Beobachtung liegt darin, dass Vermieter möglicherweise über bessere Möglichkeiten verfügen, lobbyierend auf den Prozess der politischen Willensbildungsprozess Einfluss zu nehmen (Arnott, 1995).

Zusammenfassende Beurteilung

In der Beurteilung eines Preiseingriffs wie dem der Mietpreisbremse ist zu erkennen, dass die Interessen verschiedener Akteure miteinander in Konflikt stehen können. Während für Bestandsmieter das Ziel einer Versorgung mit bezahlbarem Wohnraum, gegebenenfalls unter Abschlägen an der Wohnungsqualität, durch eine Mietpreisbremse erreicht werden kann, wird dieses Ziel für Wohnungssuchende häufig verfehlt.

Angesichts des Nachfrageüberhangs und der Angebotsverknappung erschwert eine Mietpreisbremse zudem die Erreichung des Ziels einer Versorgung von mehr Personen mit Wohnraum. Dieser Aspekt wiegt wegen mangelnder oder durch die Mietpreisbremse verzerrter Investitionsanreize besonders schwer. Diesem Problem soll zwar mit Ausnahmen von der Mietpreisbremse für Neubauten und Modernisierungen begegnet werden. Durch diese Regeln kann es jedoch dazu kommen, dass im unregulierten Marktteil insbesondere Wohnungen mit besonders hoher Qualität durch Neubautätigkeiten und Modernisierungen entstehen, die speziell auf einkommenstarke Mieter abzielen, mit denen besonders hohe Mieteinnahmen erzielt werden können.

Daraus ist zu folgern, dass eine Mietpreisbremse in der kurzen Frist zwar ein Mittel sein kann, um Bestandsmieter vor Mieterhöhungen zu schützen. Eine solche Maßnahme kann aber bestenfalls übergangsweise eine Entlastung der Bestandsmieter erreichen, da die grundlegende Ursache hoher Quadratmetermieten, d. h. das in manchen Städten unzureichende Wohnungsangebot, angesichts der Vorlaufzeiten zur Schaffung neuen Wohnraums in der kurzen Frist kaum gelöst werden kann (Bundesinstitut für Bau-, Stadt- und Raumforschung, 2017, S. 12). In der mittleren bis langen Frist erscheint eine solche Ausweitung jedoch als dringend geboten, da über diesen Zeitraum meist die negativen Auswirkungen einer Mietpreisbremse überwiegen (Fehlallokation von Wohnungen, mangelnder Anreize zur Ausweitung des Wohnungsbestands etc.).

3.3 Alternativen

Im Folgenden wird dargestellt, dass es sich bei der Beeinflussung von Mietpreisen nur um den Versuch der Linderung von Symptomen handeln kann, während die eigentlichen Ursachen an anderer Stelle liegen.

Die Ursache hoher Mietpreise liegt in einem geringen Angebot und einer hohen Nachfrage nach Wohnungen in bestimmten Gegenden. So tritt in Deutschland ein Anstieg der Nachfrage nach Wohnraum insbesondere in Städten auf, während in ländlichen Gebieten Abwanderungsbewegungen zu beobachten sind. Die Ursachen für diese Nachfrageverlagerung liegen u. a. in der in den vergangenen Jahren guten Beschäftigungsentwicklung in den Städten, der Wohnortverlagerung insb. junger Menschen vom Land in die Stadt sowie dem Zuzug aus dem Ausland (Bundesinstitut für Bau-, Stadt- und Raumforschung, 2017, S. 15). Hemmnisse für den Wohnungsbau sind bspw. lange Planungs-, Genehmigungs- und Bauprozesse. Dies gilt auch für Kapazitätsengpässe bei Planungsbüros und Bauunternehmen (Bundesinstitut für Bau-, Stadt- und Raumforschung, 2017, S. 9). Ein weiteres Hemmnis für die Entstehung von Wohnraum ist fehlendes und somit teures Bauland.

Zur Lösung dieser und weiterer Ursachen hoher Mietpreise werden in der öffentlichen Diskussion verschiedene Möglichkeiten erörtert. Erstens wird mitunter vorgeschlagen, dem geringen Angebot an niedrig- bis mittelpreisigem Wohnraum mit öffentlichem oder öffentlich-gefördertem Wohnungsbau zu begegnen. Zweitens erachtet das Bundesinstitut für Bau-, Stadt- und Raumforschung (2017, S. 5) hinsichtlich der mangelnden Verfügbarkeit von Grundstücken eine strategische und aktivierende Liegenschaftspolitik der Kommunen als entscheidende Stellschraube für den Wohnungsneubau. Drittens scheint in der politischen Diskussion zum Teil Unklarheit zu herrschen, wo die Hemmnisse für den Wohnungsneubau konkret liegen. Abhilfe soll hier das *Bündnis für bezahlbaren Wohnraum* schaffen, in dem sich Akteure aus Bund, Ländern, Kommunen, der Bau- und Wohnungswirtschaft sowie der Zivilgesellschaft zusammenfinden, um, so das ausgegebene Ziel, gemeinsam nach Lösungen für die Förderung des Wohnungsneubaus zu suchen.[5] Die wissenschaftliche Literatur hat Transaktionskosten (z. B. in Form langer Genehmigungsverfahren) und asymmetrische Informationen als gut erforschte Gründe identifiziert, aufgrund derer Märkte darin versagen, Güter wie Wohnraum zu den niedrigstmöglichen Preisen bereitzustellen.

Mit Blick auf den Urbanisierungstrend wäre zu untersuchen, in welchem Maße er auf einem eingeschränkten Angebot öffentlicher Güter (z. B. Infrastruktur, Kinderbetreuung, Gesundheitsversorgung, kulturelles Angebot etc.) in außerstädtischen Bereichen beruht. In solchen Fällen wären Kosten und Nutzen einer Verbesserung dieser Angebote zu überprüfen und zu evaluieren, inwieweit durch das Angebot öffentlicher Güter in Vororten oder im ländlichen Raum der Zuzug in Städte mit angespannten Wohnungsmärkten begrenzt werden kann. Somit würde die Attraktivität von Lagen in Stadtrandgebieten erhöht, wodurch dort auch private Investitionen in den Wohnungsbau begünstigt würden. Zudem zeigen Chapelle et al. (2019) in ihrer modelltheoretischen Analyse des Pariser Mietwohnungsmarktes, dass eine bessere Transportinfrastruktur die Fehlallokationseffekte einer Mietpreisbremse abmildern kann (siehe hierzu auch Kap. 5 zum öffentlichen Personennahverkehr).

Jede der genannten Möglichkeiten zur Lösung der Ursachen hoher Mietpreise weist Vor- und Nachteile auf, die gegeneinander abzuwägen sind. Keine dieser Ursachen wird jedoch durch staatliche Eingriffe in die Preisbildung bekämpft.

---

[5] BMWSD, Auftakt „Bündnis bezahlbarer Wohnraum", https://bit.ly/3g4CVNq, 27.04.2022, abgerufen am 13.10.2022.

Preisregulierung und nichtlineare Tarife: Der Gasmarkt

Es ist ein politisches Ziel im Rahmen von Daseinsvorsorge und Universaldiensten allen Bürgern Zugang zu bestimmten, als lebenswichtig eingestuften Diensten zu „erschwinglichen", d. h. bezahlbaren Preisen, zu ermöglichen. Unter diese Dienste fallen vor allem die Dienste netzgebundener Wirtschaftszweige wie Strom, Gas und Verkehr.[1] Eine Vervielfachung der Preise von Erdgas birgt vor diesem Hintergrund aus gesellschaftlicher Sicht große Herausforderungen. Die Preissteigerungen für Erdgas schlagen sich in einer fallenden Kaufkraft der Bevölkerung nieder; gerade Haushalte mit geringem Einkommen sind betroffen. Der erschwingliche Zugang zu Universaldiensten wie der Wärmeversorgung ist gefährdet und es zeigt sich, jenseits des Zugangs zum Universaldienst, die verteilungspolitische Rolle der Preise der Universaldienstleistungen (Knieps, 2007b, S. 141 nach Kahn (1970, 1971)).

---

[1] Im Grünbuch zu Dienstleistungen von Allgemeinem Interesse (KOM (2003) 270 vom 21.05.2003, URL: https://bit.ly/3UJnDw8 (zuletzt abgerufen am 14.12.2022) beschreibt die Europäische Kommission in Rn. 50, dass das Konzept von Universaldiensten darin besteht, dass „ein Bündel von Anforderungen an die Dienstleistungen von allgemeinem Interesse" aufgestellt ist, das sicherstellt, „dass bestimmte Dienste in einer bestimmten Qualität allen Verbrauchern und Nutzern im gesamten Hoheitsgebiet eines Mitgliedstaates unabhängig von ihrem geografischen Standort und unter Berücksichtigung der landesspezifischen Gegebenheiten zu einem erschwinglichen Preis zur Verfügung gestellt" wird. Das Konzept beziehe sich hierbei speziell auf netzgebundene Wirtschaftszweige wie bspw. Strom und „(e)s räumt jedem Bürger den Anspruch auf Zugang zu bestimmten, als lebenswichtig eingestuften Diensten ein und legt für die einzelnen Wirtschaftszweige Verpflichtungen zur Erbringung bestimmter Dienste zu genau definierten Bedingungen fest, die flächendeckende Versorgung eingeschlossen" (ebd., Rn. 50). Die Universaldienstverpflichtung sichere hierbei in einem liberalisierten Marktumfeld, dass jedermann zu „erschwinglichen", d. h. bezahlbaren, Preisen Zugang zu den entsprechenden Diensten erhält, wobei die bestehende Qualität beizubehalten bzw. zu verbessern ist (ebd., Rn. 50).

M. M. Gail et al., *Staatliche Eingriffe in die Preisbildung*, essentials, https://doi.org/10.1007/978-3-658-40674-5_4

Im Folgenden wird anhand des Gasmarktes gezeigt, wie nichtlineare Tarife in Form von ansteigenden Blockpreisen genutzt werden können, um bei ökonomischen Schocks Preissteigerungen auf der Anbieterseite sozial verträglich an die Endkunden weiterzureichen. Nichtlineare Tarife können eingesetzt werden, um soziale Verwerfungen zu vermeiden bzw. abzumildern. Gleichzeitig können sie dazu verwendet werden, um die tatsächlichen Knappheiten widerzuspiegeln. Kostensteigerungen sollen also so bepreist werden, dass sie die tatsächlichen Knappheiten adäquat widerspiegeln, zum anderen aber die „soziale Verträglichkeit" der Preissteigerungen sicherstellen.[2] So kann vermieden werden, dass Anbieter Verluste realisieren und es zu flächendeckenden Insolvenzen kommt oder dass die gesamte Nachfrage so hoch ausfällt, dass es zu einer übermäßigen Nutzung der entsprechenden Ressource (hier: Erdgas) kommt.

Hintergrund und Aktualität der Überlegungen in diesem Kapitel ergeben sich aus den Verwerfungen der Energiemärkte im Zuge des russischen Angriffs auf die Ukraine bzw. des Konflikts zwischen Russland und den westlichen Ländern. So haben sich die Preise für Gas auf den europäischen Spot- und Terminmärkten im zweiten und dritten Quartal 2022 im Vergleich zum zweiten und dritten Quartal 2021 zwischenzeitlich etwa versechsfacht, wie im Laufe dieses Kapitels gezeigt wird. Da die Verträge der Endkunden üblicherweise eine Laufzeit von ein bis zwei Jahren aufweisen[3], werden solche Preissteigerungen auf den vorgelagerten Marktebenen zeitverzögert an die Endkunden weitergegeben. Einige Gasversorger gerieten in eine ökonomische Schieflage, weil sie an diese Verträge gebunden waren. So übernahm die Bundesregierung im Sommer 2022 den größten deutschen Gasimporteur Uniper, um das Unternehmen zu stabilisieren und „die Energieversorgung für Unternehmen, Stadtwerke und Verbraucherinnen und Verbraucher" zu sichern.[4] Aufgrund der ausgefallenen Gaslieferungen aus Russland, die im Zeitraum vor dem Ukraine-Krieg über 50 % der gesamten Gasimporte Deutschlands ausmachten, besteht zudem die Befürchtung einer sogenannten Gasmangellage im Winter 2022, wenn der Ver-

---

[2] Der Zielkonflikt zwischen sozialer Verträglichkeit auf der einen und Kostendeckung und Sparanreizen auf der anderen Seite betrifft die Endkundenpreise. Auf den Zusammenhang zwischen volatilen Großhandelspreisen in der kurzen Frist bei langfristig konstanten Endkundenpreisen wird daher nicht näher eingegangen.

[3] Siehe Verivox.de, https://bit.ly/3DnlcIU (zuletzt abgerufen am 14.12.2022).

[4] Siehe Bundesregierung.de, https://bit.ly/3TQ431I (zuletzt abgerufen am 14.12.2022). Aufgrund der Insolvenz hätten die Kunden von Uniper ohne staatliche Unterstützung des Unternehmens keine Lieferungen mehr erhalten. Allerdings verhinderte dies auch die frühzeitige Anpassung an gestiegene Preise.

brauch deutschlandweit nicht merklich zurückgeht.[5] Um die Anbieterseite für die Preissteigerungen für Gas im Einkauf zu kompensieren und gleichzeitig den Verbrauch zu senken, wären Preissteigerungen bei den Endkunden notwendig.

Den Schwerpunkt dieses Kapitels bildet die Darstellung eines Systems ansteigender Blockpreise sowie eine Analyse ihrer Wirkungen. Hierzu wird zunächst der Zielkonflikt zwischen kostenorientierter Bepreisung und sozialer Verträglichkeit diskutiert (Abschn. 4.1). Aufbauend auf einer Bestandsaufnahme des Gasmarktes in Deutschland wird das Konzept der ansteigenden Blockpreise erläutert (Abschn. 4.2). Im Anschluss erfolgt eine Diskussion von Alternativen zu Blockpreisen, insb. von fixen Transferzahlungen (Abschn. 4.3). In diesem Abschnitt wird zudem fallstudienartig die von der Bundesregierung geplante Gaspreisbremse analysiert.

4.1 Ziele

Aus regulatorischer bzw. politökonomischer Perspektive steht bei den in diesem Kapitel anzustellenden Überlegungen hinsichtlich der Anwendung nichtlinearer Preise der folgende Zielkonflikt im Vordergrund:

1. Auf der einen Seite sollten Preise aus ökonomischer Sicht die Kosten möglichst akkurat widerspiegeln, um eine übermäßige Nutzung des betrachteten Gutes zu verhindern. Das bedeutet insbesondere, dass die tatsächlichen Knappheiten im Preis abgebildet werden.
2. Auf der anderen Seite besteht gerade bei Universaldiensten die Problematik, dass bei starken Preissteigerungen soziale Verwerfungen entstehen können, wenn bestimmte Haushalte den Zugang zu diesen Gütern zu erschwinglichen Preisen verlieren. Gerade bei Haushalten mit niedrigeren Einkommen ist üblicherweise das Einsparpotenzial bei diesen Gütern eher gering, sodass diese Gruppen ab einem bestimmten Punkt in ihrer Existenz bedroht sind (Joskow, 2007, S. 1255 ff.).

Punkt 1. zielt auf die Prämisse knapper Ressourcen ab. Hier sind zwei Punkte von Bedeutung. Einerseits schlagen sich die Knappheiten in den Kosten der Anbieter nieder. Sind die Preise der Endverbraucher nicht kostendeckend, realisieren die Anbieter Verluste, was letztlich zu Insolvenzen und Marktaustritten führen kann. Dies wird am Beispiel Uniper deutlich. Andererseits können zu niedrige Preise für

---

[5] Siehe Bundesnetzagentur.de, https://bit.ly/3DIztRN, sowie Bundesregierung.de, https://bit.ly/3TcItDr (zuletzt abgerufen am 14.12.2022).

eine knappe Ressource zu einer übermäßigen Nutzung führen. Dies könnte im Gasmarkt zu einer Gasmangellage führen. Die flächendeckende Bereitstellung eines
(lebens)notwendigen Gutes ist damit an sich in Frage gestellt. Auf die angebotsseitigen Rahmenbedingungen des Gasmarktes wird in Abschn. 4.2 näher eingegangen.
Allerdings kann auch eine Bepreisung entsprechend der tatsächlichen Knappheiten zu ähnlichen gesellschaftlichen Problemen führen. Punkt 2. (soziale Verträglichkeit) ist daher als eine Nebenbedingung optimaler kostenorientierter Preise anzusehen, die die soziale Verträglichkeit dieser Preissetzung sicherstellen soll. Dies ist
besonders bedeutsam, wenn Grenzkostenpreise im Verhältnis zum Einkommen von
Haushalten mit geringem Einkommen hoch ausfallen bzw. dieses sogar übersteigen
(Meran et al., 2021).

Um diesen Zielkonflikt zu lösen, können nichtlineare Preise gegenüber linearen
Preisen vorteilhaft sein (s. bspw. Chen und Yang (2009)). So könnten die im Zentrum
dieses Kapitels stehenden ansteigenden Blockpreise dazu genutzt werden, Haushalten mit niedrigem Einkommen eine Grundmenge an Gas zu einem günstigen Preis
zur Verfügung zu stellen.[6] Bei Beim Einsatz von ansteigenden Blockpreisen würden gleichzeitig höhere Preise für Haushalte mit höherem Einkommen schlagend,
deren Gasverbrauch üblicherweise höher liegt als bei Haushalten mit geringeren
Einkommen (Dullien & Weber, 2022). Diese höheren Preise können für Haushalte
mit höherem Einkommen und Verbrauch einen stärkeren Anreiz hervorrufen, Gas
einzusparen. Dies wird im folgenden Kapitel nach der Darstellung der Rahmenbedingungen des Gasmarktes erläutert.

Neben dem hier im Vordergrund stehenden Eingriff in die Preisbildung besteht im
Bereich lebenswichtiger Güter grundsätzlich auch die Möglichkeit, den Haushalten
direkte Transferzahlungen zu leisten. Dies beschreibt bspw. Joskow (2007, S. 1255)
am Beispiel von Nahrungsmittelmarken („food stamps"). Transferzahlungen können so zielgerichtet sein, dass Punkt 2. (soziale Verträglichkeit) sichergestellt ist.
Gleichzeitig können die Marktkräfte weiterhin wirken, da fixe Transferzahlungen
üblicherweise anreizneutral sind und kein Eingriff in die Preisbildung stattfinden
muss. Auf Transferzahlungen wird insbesondere in Abschn. 4.3 näher eingegangen.

---

[6] Die Bundesregierung formuliert hier das Ziel einer „günstige(n), unabhängige(n) und
sichere(n) Energieversorgung, die gleichzeitig unser Klima schützt", siehe Bundesregie-
rung.de, https://bit.ly/3UCiTce (zuletzt abgerufen am 07.11.2022).

4.2 Beurteilung

Besonderheiten des Gasmarktes

Entlang der Wertschöpfungskette des Gasmarktes sind eine Vielzahl unterschiedlicher in- und ausländischer Akteure beteiligt. Diese lassen sich grob in die folgenden sechs Gruppen unterteilen: 1. Gasgewinnung, 2. Ferntransport, 3. Speicherung, 4. Großhandel, 5. Vertrieb und 6. Verteilung.

In Deutschland verbrauchtes Gas wird überwiegend im Ausland gewonnen. Nur ein kleiner Teil des im Verkehr befindlichen Gases (z. B. Biogas) hat seinen Ursprung im Inland. Aus diesem Grund kommt dem Ferntransport von Gas eine herausragende Stellung zu, um das Gas von den Grenzübergangsstellen in das Landesinnere zu transportieren. Im Gegensatz zu Strom, lässt sich Gas auch in größeren Mengen wirtschaftlich speichern. Der Endkundenvertrieb ist von der Verteilungsebene rechtlich getrennt. Insbesondere Industriekunden beschaffen Gas auch auf der Großhandelsebene. Die Verteilung an Endkunden wird von den mehr als 700 Verteilnetzbetreibern übernommen.

Auf Großhandelsebene wird Gas an der in Leipzig ansässigen Börse European Energy Exchange (EEX) gehandelt. Die EEX bietet sowohl den Handel von Spot- als auch von Terminmarktkontrakten an.[7] Seit Ende 2021 besteht der deutsche Markt nur noch aus einem Marktgebiet. Innerhalb des Marktgebiets erfolgt der Netzausgleich mittels eines Gasbilanzkreissystems. Hierbei handelt es sich um einen virtuellen Ausgleich der eingespeisten und ausgespeisten Energiemengen. Falls nötig, wird ein tatsächlicher Ausgleich der Differenz zwischen Ein- und Ausspeisung durch sogenannte Regelenergie vorgenommen, um die Netzstabilität zu gewährleisten. Weiterführend sei an dieser Stelle auf einschlägige Literatur wie Schüler (2019) oder allgemeiner zum Aufbau von Netzwerkindustrien und deren Regulierung auf Knieps und Weiß (2009) und Knieps (2007a) verwiesen.

Gaspreisentwicklung

Schon mehrere Monate vor dem Beginn des russischen Angriffs auf die Ukraine begannen die Gasgroßhandels- sowie Endkundenpreise zu steigen (siehe Abb. 4.1). Im Zeitraum davor lagen die Neukundenpreise stabil um rund 5–7 Cent pro Kilowattstunde.[8] In der bisherigen Spitze des Jahres 2022 stiegen die Neukundenpreise

---

[7] Siehe https://www.eex.com/de/maerkte/erdgas/gasspot-und-terminhandel, zuletzt abgerufen am 24.10.2022.

[8] Siehe https://www.verivox.de/gas/verbraucherpreisindex/, zuletzt abgerufen am 02.11.2022.

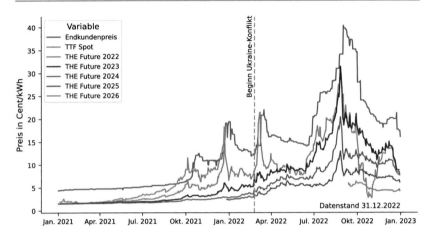

Abb. 4.1 Endkundenpreise (Neukunden) und Börsenpreise für den Bezug von einer kWh Gas. (Quellen: Verivox GmbH und European Energy Exchange AG) (Verbraucherpreiserhebung des Vergleichsportals Verivox, veröffentlicht vom Norddeutschen Rundfunk (siehe https://www.ndr.de/ratgeber/verbraucher/Gaspreis-aktuell-So-viel-kostet-Kilowattstunde, gaspreis142.html, zuletzt abgerufen am 31.12.2022), TTF Spotmarktpreise von Finanzen.net (siehe https://www.finanzen.net/rohstoffe/erdgas-preis-ttf/historisch, zuletzt abgerufen am 31.12.2022), THE Futurepreise von SWU Stadtwerke Ulm (siehe https://www. swu.de/geschaeftskunden/service/swu-marktbericht/?no_cache=1, zuletzt abgerufen am 26.10.2022) sowie von European Energy Exchange AG (siehe https://www.eex.com/de/ marktdaten/erdgas/futures, zuletzt abgerufen am 31.12.2022).)

auf rund 40 Cent pro Kilowattstunde. Die ebenfalls gestiegenen Börsenpreise wirken sich auf Kunden mit Laufzeitverträgen in der Regel nicht direkt aus. D. h. die Preise, die Kunden in Laufzeitverträgen zahlen, spiegeln nicht zwingend die angespannte Versorgungssituation wider. Verdeutlicht wird dies durch die staatliche „Rettung" des Unternehmens Uniper, welches die langfristig zugesicherten Liefermengen nicht mehr wirtschaftlich beschaffen konnte. Statt die massiv gestiegenen Beschaffungskosten an die Verbraucher weiterzureichen (bspw. in Form einer sog. Gasumlage) und durch steigende Preise eine Nachfragereduktion zu bewirken (bspw. in Form von Blockpreisen, wie im weiteren Verlauf dieses Kapitels geschildert), hat die Bundesregierung auf eine Subventionierung zurückgegriffen und es ansonsten bei Appellen zu kürzerem Duschen belassen (siehe hierzu Gros, 2022).

Zum Zeitpunkt des Verfassens dieses Beitrags ziehen die Preise nach einer Phase der Entspannung wieder an. Insbesondere die Spotmarktpreise sind aufgrund voller Speicher und milder Temperaturen im Oktober zeitweise unter das Vorkrisenniveau gefallen, angesichts der Entspeicherung mit fallenden Temperaturen im Dezember aber wieder angestiegen. Die Entwicklung der Gaspreisfutures (siehe Abb. 4.1) deutet allerdings darauf hin, dass in den nächsten Jahren ein im Vergleich zum Vorkrisenniveau deutlich gestiegenes Preisniveau erwartet werden kann. Dies lässt sich insbesondere auch durch die höheren Transportkosten für den geplanten Bezug des flüssigen Erdgases (LNG) begründen.

Beurteilung der Versorgungssituation
Die zukünftige Gaspreisentwicklung hängt maßgeblich von der Versorgungssituation ab. Die Bundesnetzagentur veröffentlicht täglich einen Lagebericht zur aktuellen Situation auf dem Gasmarkt mit besonderem Fokus auf den Füllstand der Gasspeicher in Deutschland sowie die Höhe der Ein- und Ausspeisungen.[9] Weiterhin hat die Bundesnetzagentur mehrere Szenarioanalysen durchgeführt, um zu bestimmen, wie lange die Speichervorräte ausreichen.[10] Unterschiedliche Studien haben sich zudem mit Einsparzielen beschäftigt, die zur Vermeidung einer Gasmangellage im Winter 2022 und 2023 nötig sind (siehe z. B. Holtemöller et al., 2022).

Eine kurzfristige Reduzierung des Gasbedarfs stellt sich aufgrund des hohen Anteils der bis dato politisch geförderten Gasheizungen als schwierig dar.[11] Eine wichtige Komponente stellen bei den Analysen demnach die Errichtung und Inbetriebnahme der geplanten LNG-Terminals in Norddeutschland dar. Die Bundesregierung versucht hierüber unter erheblichem Mitteleinsatz entsprechende Mengen am Weltmarkt zu beschaffen. Gleichzeitig sollen die Verbraucher durch Informationskampagnen zum Sparen animiert werden. Empirische Analysen deuten darauf hin, dass die hierdurch erzielten *freiwilligen* Einsparungen eine bedeutende Rolle bei der Krisenbewältigung spielen, während sich preisinduzierte Einsparungen aufgrund langfristiger Tarifbindung erst mit der Zeit einstellen (siehe Ruhnau et al., 2022) oder nur eine kleine Nachfragergruppe auf die Preisänderungen reagiert (siehe Severen & Van Benthem, 2022). Gerade hier können Blockpreise ansetzen, wie im Folgenden näher erläutert wird.

---

[9] Siehe https://www.bundesnetzagentur.de/DE/Gasversorgung/aktuelle_gasversorgung/start.html, zuletzt abgerufen am 25.10.2022. Siehe auch https://agsi.gie.eu/ (zuletzt abgerufen am 12.12.2022); hier können alle Daten europaweit abgerufen werden.

[10] Siehe https://www.bundesnetzagentur.de/DE/Gasversorgung/Hintergrund/221020_gas_szenarien_neu.pdf?__blob=publicationFile&v=1, zuletzt abgerufen am 02.11.2022.

[11] Im Jahr 2020 betrug der Anteil von Gasheizungen in Neubauten 40 %. Im Juni 2022 betrug der Anteil nur noch rund 15 %. Siehe https://bit.ly/3EwoRpR, zuletzt abgerufen am 14.11.2022.

Analyse von Blockpreisen

Nachdem die grundlegende Problematik starker Preissteigerungen für Gas erläutert wurde, soll im Folgenden dargestellt werden, wie nichtlineare Preise dazu beitragen können, die Kostensteigerungen auf Versorgerebene sozial verträglich an die Endkunden weiterzugeben. Hierbei steht ein System von ansteigenden Blockpreisen im Vordergrund.[12]

Blockpreise stellen eine Form der Preisdiskriminierung dar, die sich dadurch auszeichnet, dass sich die Preise nach Abnahmemengen unterscheiden (Sherman, 1989, S. 44 ff.). Ansteigende Blockpreise werden bspw. bei der Wasserversorgung von Entwicklungsländern verwendet, um der Bevölkerung eine Grundmenge an Wasser zu einem geringen Preis zur Verfügung zu stellen. Während der Verbrauch des Teils der Bevölkerung mit geringem Einkommen nahe an der Grundmenge liegt, zahlen Haushalte mit höheren Einkommen, deren Verbrauch oberhalb der Grundmenge liegt, höhere Preise (Meran et al., 2021).

Das Prinzip steigender Blockpreise fußt darauf, dass ein Hersteller bei niedrigem Verbrauch Preise nahe bei bzw. unter den Grenz- bzw. Durchschnittskosten setzen kann. Implementiert ein Regulator diese Art der Preissetzung ohne eine parallele Subventionierung, muss allerdings über alle Blöcke hinweg zumindest eine Kostendeckung sichergestellt sein, da es andernfalls zu Lieferausfällen bzw. -verweigerungen kommen kann, wie bspw. von Gong et al. (2016) für den chinesischen Gasmarkt dokumentiert. Für eine allgemeinere Diskussion im Hinblick auf Effizienz- und Fairnesseffekte von (ansteigenden) Blockpreisen, siehe Meran und von Hirschhausen (2017).

Zur Illustration wird im Folgenden von zwei Verbrauchsblöcken ausgegangen, wobei der im ersten Block gültige Preis mit p_1 bezeichnet wird und der im zweiten Block gültige Preis mit p_2. Die Abnahmemenge an Erdgas wird mit q_{Gas} bezeichnet. Für Abnahmemengen bis zu einer vordefinierten Grenze $\overline{q}$ gilt der Preis p_1, für alle Mengen darüber gilt der Preis p_2.[13] Dies wird anhand von Abb. 4.2 veranschaulicht.

Die folgende Analyse bezieht sich auf einen Haushalt mit geringem Einkommen. Dieser Herangehensweise liegt die Prämisse zugrunde, dass ein solcher Haushalt weniger Erdgas verbraucht als ein Haushalt mit hohem Einkommen. Gleichzeitig

---

[12] Im Gegensatz zu ansteigenden Blockpreisen, bei denen, wie im Folgenden erläutert, ein steigender Verbrauch mit höheren Preisen einhergeht, haben fallende Blockpreise den Charakter von Mengenrabatten. Vor dem Hintergrund der in Abschn. 4.1 formulierten Ziele wären fallende Blockpreise nicht zielführend, da Gas bei einem niedrigen Verbrauch je Einheit teurer wäre als bei einem hohen Verbrauch (Taylor, 1975), was weder sozial verträglich wäre, noch zu Sparanreizen führen würde.

[13] Denkbar wären auch sogenannte rekursive Tarife, bei denen p_2 für alle Einheiten gilt, sobald der Verbrauch oberhalb der Grundmenge liegt (Meran et al., 2021).

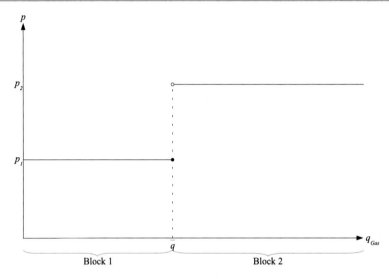

Abb. 4.2 Schematische Darstellung (ansteigender) Blockpreise mit zwei Verbrauchsblöcken

macht dieser Verbrauch einen höheren Anteil des Haushaltseinkommens aus als beim Haushalt mit einem höheren Einkommen. Dies spiegelt die Ausgangslage im Gasmarkt wider, wie sie von Kröger et al. (2022) dargestellt wird. Die Autoren (ebd.) beschreiben, dass Haushalte im untersten Einkommensdezil 2020 49,70 EUR pro Monat (etwa 6,2 % ihres Einkommens) für die Gasversorgung aufwendeten. Bei Haushalten im höchsten Einkommensdezil lagen diese Ausgaben bei 71 EUR im Monat (etwa 1,5 % des Einkommens).[14] Vor diesem Hintergrund wären gerade Haushalte mit geringem Einkommen besonders stark von Preissteigerungen bei Gas betroffen (Dullien & Weber, 2022).

Eine zentrale Anforderung an ein Blockpreis-System ist es, den Haushalt mit niedrigerem Einkommen zu entlasten (siehe Abschn. 4.1). Bei der Darstellung der Wirkungsweise von Blockpreisen ist zu beachten, dass im üblichen Preis-Mengen-Diagramm in der sogenannten Partialanalyse[15] die Nachfrage von Preisen, nicht aber

---

[14] Kröger et al. (2022) prognostizieren auf Basis einer Simulation eines 90 prozentigen Anstiegs der Gaspreise im Zuge des Konflikts mit Russland, dass diese Werte auf 11,7 % (94,27 EUR pro Monat) bzw. 2,41 % (134,67 EUR pro Monat) ansteigen.

[15] In einer Partialanalyse werden „ausgewählte Prozesse in einer Teilmenge aller Märkte einer Volkswirtschaft betrachtet" (Borrmann & Finsinger, 1999, S. 7). Demgegenüber steht die Totalanalyse, die alle Märkte der Volkswirtschaft umfasst.

vom Einkommen abhängt (Jehle & Reny, 2011, S. 50). Wie in Abschn. 4.1 dargestellt, spielt aber gerade die starke Wirkung von Preissteigerungen für Erdgas auf die
Kaufkraft und damit auf die Konsumentscheidung in Bezug auf andere Güter für die
hier angestellten Überlegungen eine zentrale Rolle. Eine solche Analyse der Kon-
sumentscheidungen eines Haushalts ist aus der Einführung in die Mikroökonomie
bekannt. Hier wird eine grafische Analyse vorgeschlagen, die Abb. 4.3 entnommen
werden kann. Derartige Überlegungen, die auf Budgetgeraden und Indifferenzkurven basieren, sind gängige Praxis in der Literatur zu Blockpreisen (siehe bspw.
Taylor (1975), Gong et al. (2016) oder Sun und Lin (2013); eine grundlegende Darstellung kann Pindyck und Rubinfeld (2003, Abschn. 4.2), Acemoglu et al. (2021,
S. 150–152) oder Jehle und Reny (2011, Kap. 1) entnommen werden).

Auf der Abszisse in Abb. 4.3 ist die nachgefragte Menge an Erdgas, q_{Gas}, abgetragen. Die Ordinate umfasst den Konsum aller übrigen Güter, die sich im Warenkorb
des Haushalts befinden, mit Ausnahme von Erdgas. Die nachgefragte Menge dieser Güter ist mit R (wie Rest) gekennzeichnet, wobei der Preis dieser Güter auf 1
normiert ist und so auch als verfügbares Einkommen oder Kaufkraft interpretiert
werden kann (s. bspw. Batley und Dekker (2019, S. 3)). Abb. 4.3 stellt demnach den
Zielkonflikt zwischen dem Konsum von Gas, q_{Gas}, und den restlichen Gütern im

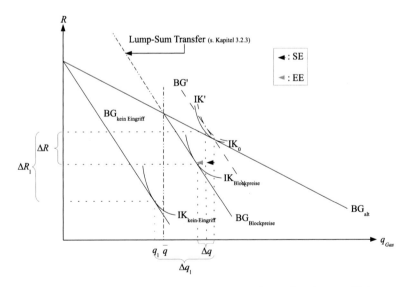

Abb. 4.3 Budgetgeraden und Indifferenzkurven des Haushalts mit geringerem Einkommen
bei einem Regime mit ansteigenden Blockpreisen

Warenkorb dar. Zugespitzt ausgedrückt umfasst die Graphik die Möglichkeiten des Haushalts zu heizen oder bspw. Nahrung zu kaufen. Hierbei geben Budgetgeraden BG alle Güterbündel, d. h., Kombinationen aus q_{Gas} und R, an, die sich der Haushalt bei gegebenem Budget und gegebenen Preisen gerade leisten kann. Die unterhalb bzw. auf der Budgetgeraden BG liegenden Güterbündel stellen die Konsummöglichkeiten des Haushalts dar. Entlang der Indifferenzkurven IK ist das Nutzenniveau des Haushalts für unterschiedliche Güterbündel identisch. Die Steigung der Budgetgeraden entspricht dem Preis pro kWh Erdgas. Sie zeigt die (Opportunitäts-) Kosten des Konsums einer zusätzlichen kWh in Form des dafür nötigen Verzichts auf Güter des restlichen Warenkorbs, R, an. Das Einkommen bestimmt die Lage der Budgetgerade.

Die Gerade BG_{alt} markiert die Konsummöglichkeiten ausgehend von einem Ausgangszustand vor einer Preissteigerung. Die Indifferenzkurve IK_0 stellt das höchstmögliche Nutzenniveau des betrachteten Haushalts dar, sodass der Tangentialpunkt von BG_{alt} und IK_0 das optimale, d. h. nutzenmaximierende Konsumbündel aus q_{Gas} und R darstellt.

Für den Fall, dass Preissteigerungen in vollem Umfang in Form von linearen Preisen an den Haushalt weitergereicht werden, gehen der Konsum von Erdgas und die Kaufkraft deutlich zurück, was jeweils durch Δq_l und ΔR_l gekennzeichnet ist. Der entsprechende Konsumpunkt ohne Eingriff wird durch den Tangentialpunkt der Budgetgeraden $BG_{\text{kein Eingriff}}$ mit der Indifferenzkurve $IK_{\text{kein Eingriff}}$ bestimmt. Entsprechend würde der Gasverbrauch q_l unterhalb der Grundmenge $\overline{q}$ liegen. Je nachdem, wie diese Grundmenge seitens des Regulators definiert wird, ist eine solche Situation nicht tragfähig. Im Wasser-Sektor wird diese Grundmenge als Subsistenzniveau verstanden, dessen Unterschreitung für den Haushalt als existenzbedrohend anzusehen wäre (Meran et al., 2021). Der drastische Rückgang von Kaufkraft und Gasverbrauch illustriert, dass einkommensschwache Haushalte sowohl frieren müssten als auch bei der Nahrung sparen. Wie die Politik auf diese Situation im Gasmarkt reagiert, wird vor dem Hintergrund des Entwurfs der Bundesregierung zur Gaspreisbremse in Abschn. 4.3 näher diskutiert.

Die Budgetgerade $BG_{\text{Blockpreise}}$ spiegelt die Konsummöglichkeiten in einem Blockpreis-Regime wider. Hierbei wird zur Vereinfachung angenommen, dass bis zur Grundmenge $\overline{q}$ dasselbe Preisniveau gilt wie vor dem Anstieg der Gaspreise.[16]

---

[16] Der Abbildung liegt implizit die Annahme zugrunde, dass alle weiteren Preise konstant gehalten werden (komparative Statik). Diese Annahme dient der Illustration der Effekte von Blockpreisen. Für eine umfänglichere Analyse wären Inflationsraten zu beachten, die zum Zeitpunkt des Verfassens dieses Buchs bei 10 %, bei Nahrungsmitteln sogar bei 21,1 % und bei Energie bei 38,7 % liegen (Destatis.de, https://bit.ly/3uP1P7L, zuletzt abgerufen am 14.12.2022). Würde die Inflation ebenfalls beachtet, würde dies die Steigung der Budgetge-

Für Verbrauchsmengen oberhalb der Grundmenge gilt das höhere Preisniveau im zweiten Block, p_2. In der geänderten Darstellung entspricht dies dem Preisniveau, das sich ohne Einführung eines Blockpreis-Regimes einstellen würde, d. h. die Budgetgeraden $BG_{\text{kein Eingriff}}$ und $BG_{\text{Blockpreise}}$ haben dieselbe Steigung. Die Budgetgerade $BG_{\text{Blockpreise}}$ weist demnach an der Stelle $\bar{q}$ eine Knickstelle auf. Die Indifferenzkurve $IK_{\text{Blockpreise}}$ stellt das höchstmögliche Nutzenniveau des Haushalts mit geringem Einkommen im Regime der Blockpreise dar.

Einkommens- und Substitutionseffekt
Steigende Gaspreise haben zwei Effekte. Zum einen ergibt sich der Anreiz, weniger Gas zu verbrauchen. Gleichzeitig führen die gestiegenen Ausgaben für Erdgas dazu, dass die Kaufkraft der Haushalte fällt. Man spricht von Einkommens- und Substitutionseffekten. Diese werden im Folgenden dargestellt, um die Wirkung von Blockpreisen vor dem Hintergrund der in Abschn. 4.1 definierten Ziele darzustellen.

Substitutions- und Einkommenseffekt werden in Abb. 4.3 jeweils durch einen schwarzen bzw. grauen Pfeil dargestellt.[17] Der Substitutionseffekt isoliert die Reduktion des Gasverbrauchs, die sich allein auf Basis der geänderten Relativpreise zwischen q_{Gas} und R ergeben würde. Hierfür wird ein Gedankenexperiment durchgeführt, bei dem der Haushalt gerade so viel Einkommen erhält, dass er auch bei den gegeben die geänderten Relativpreisen denselben Konsumpunkt erreichen kann wie vor der Preiserhöhung für Erdgas. In Abb. 4.3 ist dies durch die gestrichelte Budgetgerade BG' dargestellt. Ausgehend von dieser Budgetgeraden, die die neuen Relativpreise, nicht aber die gesunkene Kaufkraft widerspiegelt, wäre der tatsächliche Konsumpunkt bestimmt durch den Tangentialpunkt der höchstmöglichen Indifferenzkurve IK' mit der gestrichelten Budgetgeraden BG'. Die Bewegung vom Konsumpunkt vor der Preiserhöhung hin zu diesem fiktiven Konsumpunkt stellt den Substitutionseffekt dar. Dieser isoliert die veränderten Relativpreise zwischen q_{Gas} und R, sodass der Konsum von Gas zurückgeht und der Konsum der restlichen Güter ansteigen würde. Wird dann das fiktiv hinzugerechnete Einkommen wieder abgezogen (sprich, wenn statt der gestrichelten Budgetgeraden BG' die Budgetgerade $BG_{\text{Blockpreise}}$ gilt), kann der Einkommenseffekt isoliert werden. Dieser Effekt macht den Rückgang der Kaufkraft deutlich, wobei auch der Verbrauch von Erdgas weiter zurückgeht.

---

raden $BG_{\text{kein Eingriff}}$ und $BG_{\text{Blockpreise}}$ gleichermaßen beeinflussen. Außerdem würden beide Geraden nach links verschoben, da das Realeinkommen des Haushalts fällt.

[17] Eine genauere Darstellung dieser Effekte befindet sich bspw. in Acemoglu et al. (2021, S. 151–152), Jehle und Reny (2011, Kap. 1) oder, in Bezug auf Blockpreise, in (Taylor, 1975).

Der Tangentialpunkt von $IK_{Blockpreise}$ mit der Budgetgeraden $BG_{Blockpreise}$ markiert demnach den optimalen Konsum an Gas und den restlichen Gütern. Der Rückgang der Kaufkraft wird im Vergleich zu einem Regime ohne Eingriff deutlich eingedämmt ($\Delta R < \Delta R_l$). Ebenso geht der Verbrauch von Erdgas um Δq zurück, die Sparanreize bleiben also auch bei Blockpreisen erhalten. Allerdings ist der Rückgang des Gasverbrauchs geringer als in der Situation ohne Eingriff. Da der Einkommenseffekt allerdings in erster Linie für einkommensschwache Haushalte wichtig sein sollte, sollte ein solches Vorgehen etwaigen Sparzielen gerecht werden. Es stellt jedenfalls sicher, dass der Rückgang an Kaufkraft beschränkt wird (siehe auch Schnellenbach (2022)).

Es ist grundsätzlich möglich, Blockpreis-Regime selbsttragend zu gestalten. Hierbei sind sogar Preise unterhalb der Grenzkosten im ersten Block denkbar. Allerdings müssen die Preise im zweiten Block entsprechend angehoben werden, um die Verluste im ersten Block auszugleichen. Entsprechend subventionieren Haushalte mit hohem Verbrauch Haushalte mit niedrigerem Verbrauch quer, was üblicherweise eine Umverteilung von Haushalten mit hohem Einkommen zu Haushalten mit niedrigem Einkommen bedeutet. Da die derzeitigen Vorschläge der Bundesregierung zur Gaspreisbremse nicht auf ein selbsttragendes System ausgelegt sind, wird hierauf nicht näher eingegangen. Eine entsprechende Analyse am Beispiel des Wasser-Sektors findet sich bspw. in Meran et al. (2021, Kap. 4).

4.3 Alternativen

Das in Abschn. 4.2 dargestellte System von Blockpreisen zeigt beispielhaft, wie eine nichtlineare Preissetzung dazu genutzt werden kann, Haushalten mit geringerem Einkommen eine Grundmenge an Gas zu relativ geringen Preisen zur Verfügung zu stellen. Dadurch wird die finanzielle Belastung dieser Haushalte reduziert und der Rückgang des Konsums dieser Haushalte bei anderen Gütern gedämpft. So können Kostensteigerungen auf vorgelagerten Marktebenen sozial verträglich und effizient weitergegeben werden.

Transferzahlungen als Alternative

Eine Alternative zu Blockpreisen wären Transferzahlungen. Hierbei handelt es sich in der Regel um Pauschalbeträge *(lump-sum payments)*, die aus Sicht des Marktes anreizneutral wirken und somit keinen Eingriff in die Preisbildung darstellen. Solche Transferzahlungen könnten theoretisch so gestaltet werden, dass zielgerichtet Haushalte mit geringen Einkommen für Preissteigerungen bei Erdgas kompensiert werden. Gleichzeitig kann ein Sparanreiz entstehen, wenn der nicht ausgegebene Teil der Transferzahlung nicht zurückgezahlt werden muss.

Transferzahlungen, die es dem Konsumenten ermöglichen würden, die Konsummöglichkeiten vor Preisänderungen auch mit den gestiegenen Gaspreisen zu erreichen, hätten denselben Effekt wie Blockpreise. Dies kann anhand von Abb. 4.3 veranschaulicht werden. Der Transfer müsste hierbei so hoch ausfallen, dass die Budgetgerade $BG_{Blockpreise}$ beim neuen Preisniveau ohne Eingriff erreicht wird. Entsprechend würde in Abb. 4.3 die Budgetgerade $BG_{Blockpreise}$ um den gestrichelten Bereich *(lump-sum* Transfer) erweitert. Das Ergebnis wäre zu einem Blockpreis-Regime beobachtungsäquivalent.

Bei Installation solcher Transferzahlungen hätten die Konsumenten auch weiterhin den Anreiz, den günstigsten Anbieter zu suchen. Zudem müsste nicht in die Preissetzung eingegriffen werden. Ein weiterer Vorteil wäre, dass mögliche Verständnisschwierigkeiten seitens der Konsumenten umgangen werden, die bei nicht-linearen Tarifen entstehen könnten (Kesternich et al., 2022).

Ein Beispiel von Transferzahlungen wäre Stufe 1 der Gaspreisbremse der Bundesregierung. Im Dezember 2022 übernahm der Staat einmalig die Abschlagszahlung von Gasverbrauchern. Hierbei wurde die Abschlagszahlung von September 2022 zugrunde gelegt.[18]

Eine generelles Problem bei allen Arten von Transferzahlungen ist, dass bei der Finanzierung der Transferzahlungen durch Steuereinnahmen Wohlfahrtsverluste entstehen (Ballard & Fullerton, 1992; Browning, 1976; Judd, 1987).[19] So mag eine Transferzahlung zwar bspw. aus Sicht des Gasmarktes eigentlich anreizneutral wirken, gleichzeitig aber in anderen Märkten durch eine Erhöhung von Verbrauchssteuern zu Ineffizienzen führen. In regulierungsökonomischen Modellen werden diese sog. *social cost of public funds* explizit berücksichtigt (Armstrong & Sappington, 2007). So geht Laffont et al. (2005) davon aus, dass in Industrieländern für jeden umverteilten Euro 30 Cent an ökonomischen Kosten anfallen, in Entwicklungsländern sogar mehr als ein Euro. Das bedeutet, dass die tatsächlichen Kosten einer Umverteilung mindestens 30 % höher liegen dürften als der umzuverteilende Betrag.

---

[18] Siehe bmwk.de, https://bit.ly/3sLOEU4 (zuletzt abgerufen am 14.12.2022). Dies betrifft alle „Gas- Standardlastprofil-Kunden (...), Fernwärmekunden (... und alle) Gaskunden mit Registrierender Leistungsmessung (RLM) außer (...) Industrie und Stromerzeugungskraftwerke".

[19] Gleiches gilt, wenn der Staat für die Finanzierung neue Schulden aufnimmt. Die ökonomischen Grundlagen zu Steuern und Staatsausgaben können einschlägigen Lehrbüchern wie bspw. Acemoglu et al. (2021, Kap. 10 bzw. Teil V), entnommen werden.

Darüber hinaus erfolgt die Einmalzahlung im Rahmen der Gaspreisbremse nach dem „Gießkannenprinzip". Haushalte mit geringen Einkommen werden nicht gezielt entlastet, sondern die Transferzahlungen kommen auch Haushalten mit hohem Einkommen zugute. Da sie im Schnitt höhere Ausgaben für Erdgas haben, werden sie sogar absolut stärker entlastet, obwohl sie ihre Gasrechnung auch selbst tragen könnten, ohne in ökonomische Schieflage zu geraten. Die in Abschn. 4.2 geschilderten Effekte sind für diese Haushalte unbedeutend. Gerade vor dem Hintergrund der *social cost of public funds* ist eine derart teure und wenig zielgenaue Ausgestaltung problematisch.

Gerade bei transitorischen Schocks, also bei zeitlich befristeten Preisanstiegen, bieten Transferzahlungen den Vorteil, dass sie relativ schnell und unproblematisch eingeführt und wieder abgeschafft werden können. Ein Blockpreissystem wäre ein drastischer Eingriff in die Preisbildung, der eher bei längerfristigen Schocks tragfähig sein dürfte. Dies gilt insbesondere in Märkten, die durch langfristige Verträge gekennzeichnet sind, wie es bspw. im Gasmarkt der Fall ist. Da ein Blockpreis-Regime aber selbstfinanzierend ausgestaltet werden kann, wäre eine Umstellung auf dieses System auf längere Sicht ggf. effizienter als dauerhafte Transferzahlungen.

Fallstudie: Die Gaspreisbremse
Der von der Bundesregierung vorgeschlagene Markteingriff zur Kompensation der Verbraucher für gestiegene Gaspreise – die sogenannte Gaspreisbremse[20] – sieht im Kern folgenden Mechanismus vor. Ausgangspunkt ist ein Kontingent, das 80 % des Gasverbrauchs entspricht, der der Abschlagszahlung für September 2022 zugrunde liegt. Innerhalb dieses Kontingents ist der Endkundenpreis auf 12 Cent/kWh gedeckelt, darüber hinaus gilt der vertraglich vereinbarte Arbeitspreis. Aus Sicht der Kunden wirkt die Gaspreisbremse so auf den ersten Blick ähnlich wie ein Blockpreissystem, bei dem augenscheinlich ab einer Einsparung von 20 % nur 12 Cent pro kWh fällig werden. Tatsächlich fällt das System aber deutlich komplizierter aus, da der Netto-Preis je kWh Gas im Endeffekt vom Arbeitspreis abhängt. Dies wird im Folgenden geschildert. Aus Sicht des Anbieters liegt weiterhin ein linearer Preis vor.[21] Der Anbieter wird für die Differenz zwischen dem vertraglich festgelegten

---

[20] Der zum Zeitpunkt des Verfassens dieses Buches aktuelle Gesetzesvorschlag ist in der Drucksache 20/4683 des Deutschen Bundestages vom 29.11.2022 festgehalten (https://bit.ly/3VX2T5H (zuletzt abgerufen am 14.12.2022)).

[21] An dieser Stelle wird davon ausgegangen, dass die vom Versorger erhobene Grundgebühr primär der Deckung der Netzentgelte und der Kosten des Messwesen dienen.

Arbeitspreis und dem gedeckelten Preis vom Staat kompensiert. Das System soll
am 01.03.2023 in Kraft treten und bis mindestens 30.04.2024 gelten.[22]
    Im Folgenden werden zwei Effekte der Gaspreisbremse analysiert, die aus öko-
nomischer Sicht auffällig sind. Zum einen können Nachfrager von *hohen* Arbeitspreisen profitieren. Dieser Effekt wird hier in seinen Grundzügen dargestellt. Eine
formale Analyse dieses Effekts, insb. im Hinblick auf mögliche Preissteigerungen, liefern Dertwinkel-Kalt und Wey (2022) in einem Arbeitspapier. Zum anderen
ist auffällig, dass durch die Zuteilung eines Kontingents, das sich am Vorjahresverbrauch eines Haushalts orientiert, Haushalte mit ohnehin schon niedrigem Verbrauch benachteiligt werden. Gleichzeitig profitieren Haushalte mit einem hohen
Ausgangsverbrauch in hohem Maß von der Gaspreisbremse.

Nachfrager können von hohen Arbeitspreisen profitieren

Um die Effekte der Gaspreisbremse im Hinblick auf den Arbeitspreis zu durch-
leuten, sind zunächst die Rahmenbedingungen und die relevanten Begrifflichkei-
ten zu erläutern. Diese werden in den Kap. 1 und 3 des derzeitigen Gesetzesvor-
schlags erläutert (siehe Fußnote 20). Zur Veranschaulichung wird ein Beispielhaushalt betrachtet, dessen Vertrag von 01.01.23 bis 31.12.23 läuft.
    Der Haushalt leistet zunächst am Anfang der Vertragsperiode (zur Vereinfa-
chung Anfang 2023) eine Vorauszahlung an seinen Versorger. Diese wird bereits
unter Berücksichtigung der Gaspreisbremse erhoben. Der Vorauszahlung liegt ein
Kontingent zugrunde, das 80 % des Vorjahresverbrauchs mit Stichmonat September
2022 entspricht. Dieses Kontingent wird mit dem gedeckelten Preis von 12 Cent
pro kWh veranschlagt. Für die restlichen 20 % des Vorjahresverbrauchs wird für
die Vorauszahlung der vertraglich festgelegte Arbeitspreis angesetzt.
    Die tatsächlichen Ausgaben des Haushalts ergeben sich aus der Differenz zwi-
schen der Vorauszahlung und der am Ende der Vertragsperiode (zur Vereinfachung
Ende 2023) erhaltenen Erstattung, die vom Versorger zurückgezahlt wird. Die
Erstattung enthält staatliche Kompensationszahlungen und besteht aus mehreren
Komponenten, die im nächsten Absatz erläutert werden. Die abstrusen Anreizeffekte
der Gaspreisbremse entstehen dadurch, dass die staatlichen Transferzahlungen so
ausgestaltet sind, dass der Haushalt durch die Wahl eines Vertrages mit einem höhe-

---

[22] Siehe bmwk.de, https://bit.ly/3sLOEU4 (zuletzt abgerufen am 14.12.2022). Für
Fernwärme-Kunden gilt ein ähnliches Prinzip, wobei der Preis auf 9,5 Cent/kWh gedeckelt
ist. Weiterhin soll ein ähnliches System auch für den Elektrizitätssektor eingeführt werden,
da aufgrund der engen Verbundenheit mit dem Gasmarkt ähnliche Entwicklungen befürchtet
werden. Von einer Betrachtung dieses Sektors wird an dieser Stelle abgesehen, da diese den
Rahmen des Beitrags sprengen würde.

ren Arbeitspreis gezielt die Erstattung erhöhen kann. Dies wird zunächst anhand eines Beispiels erläutert. Eine kurze formale Darstellung erfolgt im Anschluss.

Die Ende 2023 an den Haushalt gezahlte Erstattung wird nach §20 des zum Zeitpunkt des Verfassens dieses Beitrags aktuellen Gesetzesentwurfs (siehe Fußnote 20) wie folgt berechnet:

$$\text{Erstattung} = \text{Vorauszahlung} - (\text{Brutto-Verbrauchskosten} - \text{Entlastung}). \quad (4.1)$$

Die erste Komponente der Erstattung in Gl. (4.1) ist die bereits beschriebene Vorauszahlung. Von dieser Vorauszahlung wird die Differenz zwischen den sogenannten Brutto-Verbrauchskosten und der Entlastung abgezogen. Die Brutto-Verbrauchskosten entsprechen dem Produkt aus dem tatsächlichen Verbrauch in 2023 und dem vertraglich festgelegten Arbeitspreis. Die Entlastung entspricht der Differenz zwischen dem Arbeitspreis und dem gedeckelten Preis von 12 Cent pro kWh, multipliziert mit dem Kontingent von 80 % des Vorjahresverbrauchs.

Zur Veranschaulichung der Anreizeffekte der Gaspreisbremse wird ein Beispielhaushalt betrachtet, dessen Vorjahresverbrauch bei 30.000 kWh liegt[23]. Das Kontingent liegt entsprechend bei 24.000 kWh. Es stehen zwei Tarife zur Auswahl, einer mit einem Arbeitspreis von 20 Cent (Tarif I) und einer mit einem Arbeitspreis von 50 Cent (Tarif II). Der Haushalt senkt 2023 seinen Verbrauch um 30 % auf 21.000 kWh.

Bei Tarif I ergeben sich eine Vorauszahlung von 4080 EUR (24.000 kWh × 0,12 EUR + 6000 kWh × 0,20 EUR), eine Entlastung von 1920 EUR (24.000 kWh × (0,20 EUR − 0,12 EUR)) und Brutto-Verbrauchskosten von 4200 EUR (21.000 kWh × 0,20 EUR). Wie in Gl. (4.1) beschrieben, beträgt die Erstattung bei Tarif I 1800 EUR (4080 EUR − (4200 EUR − 1920 EUR)). Um die Netto-Ausgaben für die Vertragsperiode zu bestimmen, wird die Erstattung mit der Vorauszahlung verrechnet. Bei Tarif I ergeben sich so Netto-Ausgaben von 2280 EUR (4080 EUR − 1800 EUR). Bei einem Verbrauch von 21.000 kWh entspricht dies einem durchschnittlichen Netto-Preis je kWh Erdgas von ca. 0,11 EUR. Bei Tarif II, der einen höheren Arbeitspreis von 50 Cent vorsieht, ergibt sich entsprechend eine Vorauszahlung von 5.880 EUR, eine Entlastung von 9.120 EUR und Brutto-Verbrauchskosten von 10.500 EUR. Die Erstattung beträgt 4.500 EUR, sodass die Netto-Ausgaben bei Tarif II bei nur 1.380 EUR liegen, was einem durchschnittlichen Netto-Preis pro

---

[23] Ein Excel-Tool zur eigenständigen Berechnung für beliebige Parameterwerte ist an der Professur VWL I unter https://www.uni-giessen.de/de/fbz/fb02/fb/professuren/vwl/goetz/aktuelles/gaspreisbremse_vergleichstool verfügbar.

kWh von etwa 0,07 EUR entspricht. Die Netto-Ausgaben und -Durchschnittspreise des Haushalts sind in Abb. 4.4 abgetragen.

Abb. 4.4 illustriert, dass die Netto-Durchschnittspreise je kWh bei Tarif II (50 Cent pro kWh; orange gestrichelt) bei einem tatsächlichen Verbrauch über der 80 %-Schwelle oberhalb und bei einem tatsächlichen Verbrauch unter dieser Schwelle unterhalb der von Tarif I (20 Cent pro kWh; blau gestrichelt) liegen. Der Haushalt profitiert demnach von Verträgen mit höheren Arbeitspreisen, wenn er in der Lage ist, mindestens 20 % einzusparen. Besonders auffällig ist, dass der Haushalt seine Ausgaben gar auf Null reduzieren kann, wenn er bei Tarif II ca. 40 % Gas einsparen kann. Bei Tarif I müssen hierfür ca. 70 % eingespart werden. Das bedeutet, je *höher* der Arbeitspreis ist, desto *weniger* Erdgas muss der Haushalt einsparen, um seine Ausgaben für Erdgas auf Null zu reduzieren. Dieser Mechanismus wirkt vor dem Hintergrund üblicher ökonomischer Überlegungen, wonach ein Nachfrager bei höheren Preisen weniger verbraucht, besonders kontra-intuitiv.

Um die abstrusen Anreizeffekte der Gaspreisbremse detaillierter darzustellen, wird mit Q_{t-1} der Vorjahresverbrauch und mit Q_t der Verbrauch im Jahr 2023 dargestellt. Entsprechend beträgt das Kontingent $0,8 Q_{t-1}$. Der Arbeitspreis beträgt p_A. Die Komponenten von Gl. (4.1) können so wie folgt dargestellt werden:

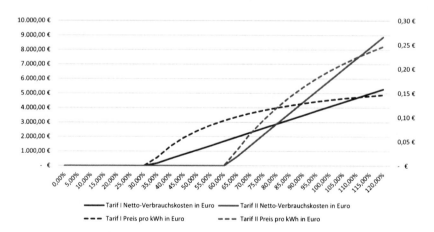

Abb. 4.4 Beispielrechnung Gaspreisbremse für einen Haushalt mit einem Vorjahresverbrauch von 30.000 kWh: Nettoausgaben (linke Skala) bzw. Durchschnittpreis pro kWh (rechte Skala) in Abhängigkeit vom aktuellen Verbrauch (in Prozent des Vorjahresverbrauchs). Tarif I (blau) sieht einen Arbeitspreis von 20 Cent vor und Tarif II (orange) einen Arbeitspreis von 50 Cent

- Vorauszahlung: $0,8Q_{t-1}0,12 + 0,2Q_{t-1}p_A$.
- Brutto-Verbrauchskosten: $Q_t p_A$.
- Entlastung: $0,8Q_{t-1}(p_A - 0,12)$.

Die Netto-Ausgaben des Haushalts entsprechen der Differenz zwischen der Vorauszahlung und der in Gl. (4.1) definierten Erstattung. Diese Differenz kann auf den Term Brutto-Verbrauchskosten abzüglich der Entlastung reduziert werden, also formal $Q_t p_A - 0,8Q_{t-1}(p_A - 0,12)$. Sobald der Haushalt weniger Erdgas verbraucht als sein Kontingent ($Q_t < 0,8Q_{t-1}$), kann der Haushalt seine Netto-Ausgaben für Erdgas reduzieren, indem er einen Vertrag mit einem hohen Arbeitspreis wählt.[24]

Kann der Haushalt mindestens 20 % einsparen, ergibt sich theoretisch die Möglichkeit, die Ausgaben für Erdgas auf Null zu reduzieren. Dies tritt auf, wenn die Vorauszahlung der Entlastung entspricht. Dies gilt, wenn die Brutto-Verbrauchskosten genauso hoch ausfallen wie die Entlastung. Dies ist erfüllt, wenn $p_A = \frac{0,8Q_{t-1}}{0,8Q_{t-1}-Q_t}0,12$ gilt. Sobald der Haushalt also mindestens 20 % einspart ($Q_t < 0,8Q_{t-1}$), existiert theoretisch ein Arbeitspreis, mithilfe dessen der Haushalt seine Ausgaben für Erdgas auf Null reduzieren kann. Hierbei gilt, dass je *weniger* Erdgas der Haushalt einspart (solange es mindestens 20 % sind), hierfür ein *höherer* Arbeitspreis erforderlich ist. Ein Haushalt, der 30 % relativ zum Vorjahr einspart, müsste einen Vertrag mit einem Arbeitspreis von 0,96 EUR abschließen, damit die Kosten auf Null reduziert werden.

Abnehmer, die ihr Kontingent nicht ausschöpfen – die also das politisch intendierte Einsparziel einhalten – erhalten demnach den Anreiz, einen möglichst teuren Anbieter zu wählen. In diesem Fall haben beide Marktseiten einen Anreiz, Verträge mit hohen Arbeitspreisen anzubieten bzw. zu akzeptieren. Durch dieses Anreizsystem dürften die Kosten der Gaspreisbremse besonders hoch ausfallen, da der Staat sowohl dem Anbieter als auch dem Abnehmer auf Basis der Arbeitspreise Transferzahlungen leisten soll. Erhöhen sich so die Arbeitspreise am Markt, schadet das denjenigen Abnehmern, die nicht in der Lage sind, das Einsparziel zu erreichen – bspw. weil sie vorher bereits sparsam waren.

Im zum Zeitpunkt des Verfassens dieses Buches aktuellsten Gesetzesentwurf ist in § 27 (Missbrauchsverbot) vorgesehen, dass das Bundeskartellamt bei missbräuchlicher Erhöhung der Gaspreise einschreiten soll. Hierbei muss der Versorger nachweisen, dass eine Preissteigerung bspw. durch Kostenerhöhungen gerechtfertigt ist. Hiermit soll scheinbar der Tendenz zu Preiserhöhungen entgegengewirkt

---

[24] Dies kann formal gezeigt werden, indem die Netto-Ausgaben des Haushalts für Erdgas, $Q_t p_A - 0,8Q_{t-1}(p_A - 0,12)$, nach p_A abgeleitet werden. Diese Ableitung lautet $Q_t - 0,8Q_{t-1}$. Wenn also $Q_t < 0,8Q_{t-1}$ gilt, sinken die Netto-Ausgaben im Arbeitspreis p_A.

werden, die möglicherweise der „Gaspreisbremse" selbst entspringen können. Es
bleibt abzuwarten, inwieweit es realistisch ist, dass das Bundeskartellamt sich einer
potenziellen Vielzahl von Missbrauchsverfahren annehmen kann, zumal ein ähnliches System auch für den Elektrizitätssektor vorgesehen ist.

Ein möglicher Lösungsvorschlag des beschriebenen Anreizproblems bestünde
darin, dass der Haushalt nicht mehr direkt von hohen Arbeitspreisen im eigenen
Vertrag profitiert. Dies kann erreicht werden, indem die Erstattung in Gl. (4.1) den
Charakter einer fixen Zahlung erhält, die nicht mehr vom vertraglich vereinba-
ren Arbeitspreis abhängt. Denkbar wäre ein Yardstick-Ansatz vergleichbar dem
von Shleifer (1985) vorgeschlagenen, bei dem sich die Entlastung an einem durchschnittlichen Arbeitspreis orientiert. Eine genauere Analyse geht über den Rahmen
dieses Buches allerdings hinaus.

Haushalte mit geringem Ausgangsverbrauch werden benachteiligt

Neben den beschriebenen Anreizproblemen der Gaspreisbremse erscheint ebenfalls deren soziale Verträglichkeit fragwürdig. In dieser Hinsicht steht die Gaspreisbremse dem Grundgedanken der Blockpreise und den vordefinierten Zielen einer
sozial verträglichen Weitergabe von Preissteigerungen für Gas (siehe Abschn. 4.1)
diametral entgegen. Dieses Problem wird im nächsten Absatz erläutert und im über-
nächsten Absatz anhand eines Beispiels veranschaulicht.

Blockpreise stellen üblicherweise auf die Bereitstellung eines (fixen) lebensnot-
wendigen Minimums einer Ressource ab, so bspw. bei der Versorgung mit Elektrizität (Lin & Jiang, 2012), Wasser (Meran et al., 2021) oder Gas (Gong et al., 2016). Die
Gaspreisbremse sieht allerdings für jeden Haushalt eine Einsparung von 20 % vor,
unabhängig von der bisher verbrauchten Menge. Dieses Vorgehen liefert zwar für
alle Haushalte Sparanreize. Allerdings dürfte es für Haushalte, deren Einkommen
und Verbrauch ohnehin schon niedrig ausfallen, schwierig werden, den Verbrauch
noch weiter einzuschränken. Gleiches gilt für Haushalte, die dem Aufruf zum Gas-
paren gefolgt sind und deren Abschläge seitdem bereits angepasst wurden. Diese
geringen Einsparpotenziale dürften gerade bei niedrigen Einkommen dazu führen,
dass ein relativ großer Teil des Verbrauchs jenseits der 80 %-Schwelle liegt, was, wie
in Abschn. 4.2 beschrieben, bei diesen Haushalten zu starken Einkommenseffekten
führt. Gleichzeitig ist zu erwarten, dass Haushalte mit höheren Einkommen, die
ihren Gasverbrauch bisher kaum oder gar nicht eingeschränkt haben (oder die ihren
Verbrauch sogar erhöht haben), eine Einsparung von mindestens 20 % ohne großen
Aufwand realisieren können. Diese Haushalte erhalten einen Anreiz, in Kombination mit möglichst teuren Verträgen (s. o.) ihren Verbrauch so weit zu senken, dass
sie am Ende möglichst wenig bis gar nichts für Erdgas bezahlen. Insgesamt dürfte

sich dadurch eine Umverteilung von Haushalten mit geringen zu Haushalten mit hohen Einkommen ergeben. Ähnliche Kritikpunkte äußern auch einige Ökonomen in einem Artikel der Süddeutschen Zeitung vom 27.10.2022.[25]

Um das Problem abzumildern, müssten Erwartungswerte für den Gasverbrauch von Haushalten je nach Einkommensverhältnissen gebildet werden. Wie bereits beschrieben, wendete das unterste Einkommensdezil bereits 2020 im Median über 6 % seines Einkommens für die Gasversorgung auf, was allerdings mit etwa 50 EUR pro Monat etwa 30 % weniger war als bei Haushalten im obersten Einkommens-dezil (Kröger et al., 2022). Bei einem Preis von etwa 6 Cent/kWh in 2020[26] würde das beim untersten Einkommensdezil einem jährlichen Verbrauch von etwa 10.000 kWh entsprechen. Dieser Verbrauch entspricht im Schnitt etwa einem 2-Personen Haushalt mit einer Wohnungsgröße von 70 m².[27] Wie bereits beschrieben, wendete lt. Kröger et al. (2022) ein Haushalt im obersten Einkommensdezil 2020 aufgerundet etwa 75 EUR im Monat für Gas auf, was einem Jahresverbrauch von 15.000 kWh entspricht. Bei einer 20 %-igen Kürzung ergeben sich 12.000 kWh.

Statt also die Grundmenge des Haushalts mit geringem Einkommen um weitere 20 % zu kürzen und gleichzeitig dem obersten Einkommensdezil mit etwa 12.000 kWh eine Grundmenge zuzuweisen, die über dem uneingeschränkten Verbrauch des untersten Dezils im Jahr 2020 liegt, könnte dieser Wert von 10.000 kWh als Richtwert für den untersten Block eines Blockpreissystems herangezogen werden. Hierbei kann weiter nach der Haushalts- und Wohnungsgröße unterschieden wer-den, wie auch in der Literatur vorgeschlagen bzw. beschrieben wird (Chen & Yang, 2009; Dullien & Weber, 2022; Gong et al., 2016; Lin & Jiang, 2012; Sun & Lin, 2013).[28] In der Praxis spielen weitere Faktoren wie bspw. der Zustand der Hei-zung, die Gebäudedämmung und die Witterung eine Rolle für den Gasverbrauch. Die nötigen Informationen für eine Bestimmung von Mindestmengen könnten über die Verbindung von verschiedenen Datenbanken (insb. von Versorgern, Finanz-und Einwohnermeldeämtern, Kommunen, der Bundesnetzagentur, etc.) beschafft werden. Zusätzlich dazu könnten mehrere Blöcke eingeführt werden, um die Preis-anstiege zu glätten.

Selbst wenn dieser Ansatz keine vollkommen akkurate Einschätzung für jeden einzelnen Haushalt liefern kann, weil bspw. einige Informationen nicht in kurzer Zeit zusammengetragen werden können, dürfte ein solches Blockpreissystem dazu

---

[25] Siehe sueddeutsche.de, https://bit.ly/3h7cG9L (zuletzt abgerufen am 14.12.2022).

[26] Siehe Verivox.de, https://bit.ly/3DTsZQh (zuletzt abgerufen am 09.11.2022)

[27] Siehe Verivox.de, https://bit.ly/3FwSIiH (zuletzt abgerufen am 09.11.2022).

[28] Siehe bspw. einen entsprechenden Vergleich auf Verivox.de, https://bit.ly/3FwSIiH (zuletzt abgerufen am 02.11.2022).

beitragen, die soziale Verträglichkeit der Gaspreisbremse zu erhöhen. Zudem könnte hierdurch der Sparanreiz von Haushalten mit hohen Einkommen erhöht werden, da diese ausgehend von einem hohen Gasverbrauch deutlich mehr einsparen müssten, um von den beschriebenen Transfermechanismen zu profitieren.

Es lässt sich festhalten, dass der zum Zeitpunkt des Verfassens dieses Beitrags gültige Vorschlag der Bundesregierung zur Gaspreisbremse zwar Sparanreize liefert und gleichzeitig Entlastungen einführt. Das derzeitige System der Gaspreisbremse enthält aber fundamentale Anreizprobleme, da Verbraucher den Anreiz erhalten können, möglichst teure Tarife abzuschließen, um möglichst wenig Gas einsparen zu müssen. Dadurch werden die Kosten des Systems in die Höhe getrieben. Dieses Problem könnte mithilfe eines einfachen Yardstick-Ansatzes umgangen werden, ohne das System fundamental umbauen zu müssen. Um das Problem zu lösen, dass Haushalte mit hohem Einkommen und Gasverbrauch deutlich stärker profitieren als Haushalte mit niedrigem Einkommen und Verbrauch, wären gezielte Transferzahlungen oder die Einführung eines Blockpreis-Regimes denkbar. Pauschale Transferzahlungen haben den Vorteil, dass sie anreizneutral wirken und kurzfristig eingeführt und wieder abgeschafft werden können. Gerade mit Blick auf den Winter 23/24 bzw. die folgenden Jahre wäre es hingegen längerfristig sinnvoll, das System in Richtung eines Blockpreis-Regimes umzuwandeln. Ein solches Regime kann selbsttragend gestaltet werden kann. Da hierfür fixe Richtwerte für den Verbrauch festgelegt werden müssen, wäre dies als Chance zu verstehen, verschiedene Datenbanken zu vernetzen und gleichzeitig den im internationalen Vergleich frappierenden Rückstand der Digitalisierung in der deutschen Verwaltung abzubauen.[29]

---

[29] Siehe hierzu bspw. die jährlichen DESI-Studien der Europäischen Kommission https://bit. ly/3We8Iew (zuletzt abgerufen am 14.12.2022). Im EU-Ländervergleich erreichte Deutschland 2022 bei der Digitalisierung der öffentlichen Verwaltung insgesamt nur Rang 18.

Staatliche Eingriffe zur Erfüllung der Daseinsvorsorge: Der öffentliche Personennahverkehr

5

„[I]n no other major area are pricing practices so irrational, so out of date, and so conducive to waste as in urban transportation. Two aspects are particularly deficient: the absence of adequate peak-off differentials and the gross underpricing of some modes relative to others" (W. S. Vickrey, 1963, S. 452).

Der Deutsche Bundestag hat am 19. Mai 2022 die zeitweise Einführung eines deutschlandweit gültigen Nahverkehrstickets beschlossen. Das sogenannte 9-EUR-Ticket ermöglichte im Zeitraum von Juni bis August 2022 die uneingeschränkte Nutzung des öffentlichen Personennahverkehrs für 9 EUR pro Monat.[1] Hierfür leistete der Bund Ausgleichszahlungen in Höhe von 2,5 Mrd. EUR an die Länder.[2] Die Zahlung erfolgte zusätzlich zu den regulär vom Bund geleisteten Förderungen (Regionalisierungsmittel) für den ÖPNV in Höhe von 9,4 Mrd. EUR. Weiterhin flossen im Jahr 2022 1,2 Mrd. EUR in Form von Coronahilfen an die Länder.[3] Die staatliche Förderung des öffentlichen Nahverkehrs wird in der Regel dadurch begründet, dass eine rein eigenwirtschaftliche Bereitstellung aufgrund mehrerer Faktoren nicht möglich ist. Zum einen lassen sich die für die Bereitstellung der (Eisenbahn-)Infrastruktur notwendigen Mittel nicht am Markt erwirtschaften. Des weiteren stellt insbesondere das Angebot von Verkehren in Tagesrandzeiten und in ländlichen Gebieten ein Verlustgeschäft dar. Zwar ist durchaus denkbar, dass sich ein Teil der Verkehre kostendeckend bewirtschaften lässt, zur Vermeidung von Rosinen-

---

[1] https://www.bmdv.bund.de/SharedDocs/DE/Artikel/K/9-euro-ticket-beschlossen.html

[2] Die Verantwortung für die Bereitstellung des öffentlichen Nahverkehrs liegt seit dem 1. Januar 1996 bei den Bundesländern, welche ihrerseits einen oder mehrere Verbünde mit der Organisation beauftragt haben.

[3] https://www.bmdv.bund.de/SharedDocs/DE/Artikel/E/schiene-schienenpersonenverkehr/regionalisierungsgesetz-regg.html und §5ff Regionalisierungsgesetz.

M. M. Gail et al., *Staatliche Eingriffe in die Preisbildung*, essentials, https://doi.org/10.1007/978-3-658-40674-5_5

pickerei und zur Reduzierung der insgesamt notwendigen staatlichen Mittel werden aber in der Regel sogenannte Linienbündel vergeben. Hierdurch wird eine Mischkalulation zwischen kostendeckenden und defizitären Verbindungen erreicht.[4,5]

Die Einführung des 9-EUR-Tickets bzw. des von der Bundesregierung angestrebten Nachfolgers (49-EUR-Ticket) führt zu einer Reihe von Fragen im Hinblick auf Tarifgestaltung und Finanzierung im ÖPNV. Obwohl das 9-EUR-Ticket primär der finanziellen Entlastung der Bürger dienen sollte, stellte der Eingriff zeitgleich eine starke Vereinfachung der bestehenden Tarifstrukturen der Tarif- und Verkehrsverbünde des öffentliche Personennahverkehrs (ÖPNV) dar. Aus ökonomischer Sicht gilt es dabei die Frage zu beantworten, ob der gesamtwirtschaftliche Wohlfahrtsgewinn aus der Senkung der ÖPNV-Preise und der Vereinfachung der Nutzung die entstehenden Mehrkosten übersteigt. Auf der einen Seite dürfte die implizierte Preissenkung zwar zu einer Erhöhung der Nachfrage nach Nahverkehrsfahrten bzw. zu einer Verkehrsverlagerung führen. Zeitgleich dürften an vielen Stellen aber die Kosten der Bereitstellung des ÖPNV steigen, da die Infrastruktur sowie die darauf betriebenen Verkehre auf den zusätzlichen Bedarf ausgerichtet werden müssen. Die dafür benötigten staatlichen Mittel werden zudem durch einen Einnahmenrückgang erhöht, der daraus resultiert, dass viele Inhaber einer teureren Zeitkarte auf die günstigere Alternative wechseln dürften. In der Summe könnte sich hierdurch sowohl beim 9-EUR-Ticket als auch beim 49-EUR-Ticket für den Bundeshaushalt eine zusätzliche monetäre/fiskalische Belastung ergeben.

Im folgenden Abschnitt werden zunächst die Zielkonflikte genauer herausgearbeitet, denen sich der Staat bei der Bereitstellung des ÖPNV gegenüber sieht (Abschn. 5.1). Ein Hauptaugenmerk liegt bei der Diskussion von Preissetzungsmechanismen, die dazu beitragen können, die von der Politik angestrebte Verkehrsverlagerung auf den umweltfreundlichen ÖPNV unter Schonung des Staatshaushalts zu erreichen. Hierfür wird das Konzept der Spitzenlastbepreisung vorgestellt und aufgezeigt, wie dieser Mechanismus dazu beitragen kann, die Auslastung und Kostendeckung im ÖPNV zu erhöhen sowie Verteilungsziele im Auge zu behalten (Abschn. 5.2). Weiterhin werden alternative Mechanismen, wie die Einführung

---

[4] Siehe dazu eine Erklärung des Info-Portals zum Nahverkehr in NRW: https://infoportal.
mobil.nrw/organisation-finanzierung/linienbuendelung.html.

[5] Dieser Zusammenhang kann anhand eines Praxisbeispiels aus der Universitätsstadt Gießen verdeutlicht werden. Im konkreten Fall wird eine Buslinie angeboten, die sich auf Basis der zu erwartenden Ticketeinnahmen nicht selbst trägt, da primär Studierende diese Buslinie verwenden würden. Diese müssen jedoch aufgrund ihres Semestertickets für eine weitere Fahrt nichts bezahlen. Die entstehenden Kosten müssen folglich durch andere wirtschaftliche Angebote getragen oder subventioniert werden, https://www.giessener-allgemeine.de/giessen/in-giessen-rollt-ab-sofort-der-uniexpress-91060107.html.

eines einheitlichen Preises bis hin zu einem kostenlosen ÖPNV diskutiert. Abschließend wird auf die Rolle der optimalen Ausgestaltung der Infrastrukturbepreisung eingegangen (Abschn. 5.3) und die Ergebnisse diskutiert (Abschn. 5.4).

5.1 Ziele

Beim öffentlichen Nahverkehr handelt es sich in der Regel um Verkehre, die unter die sogenannte „Daseinsvorsorge" fallen.[6] In der europäischen Rechtsprechung wird dabei auch von „Dienstleistungen von allgemeinem wirtschaftlichem Interesse" gesprochen. Dienstleistungen von allgemeinem wirtschaftlichem Interesse sind wirtschaftliche Tätigkeiten, wie das Angebot öffentlicher Nahverkehre, die von den Gesetzgebern als besonders wichtig für die Bürger angesehen werden und die ohne staatliche Intervention nicht erbracht würden bzw. nicht im erforderlichen Umfang. Ausgleichsleistungen für die Erbringung öffentlicher Dienstleistungen werden von den Beihilfekriterien ausgenommen und sind mit dem Binnenmarkt vereinbar.[7]

Verordnung (EG) 1370/2007 legt hierzu fest, „wie die zuständigen Behörden unter Einhaltung des Gemeinschaftsrechts im Bereich des öffentlichen Personenverkehrs tätig werden können, um die Erbringung von Dienstleistungen von allgemeinem Interesse zu gewährleisten, die unter anderem zahlreicher, sicherer, höherwertig oder preisgünstiger sind als diejenigen, die das freie Spiel des Marktes ermöglicht hätte."[8] Die Verordnung soll dazu beitragen, die im Weißbuch der Kommission angestrebten Ziele der Gewährleistung sicherer, effizienter und hochwertiger Personenverkehrsdienste durch einen regulierten Wettbewerb zu erreichen, der auch die Transparenz und Leistungsfähigkeit öffentlicher Personenverkehrsdienste garantiert. Dabei sollen auch soziale, umweltpolitische und raumplanerischer Faktoren sowie das Angebot spezieller Tarifbedingungen zugunsten bestimmter Gruppen (z. B. Rentner, Studenten, etc.) berücksichtigt werden.[9] Die Verordnung (EG)

[6] Die Daseinsvorsorge fällt unter das in Kap. 4 eingeführte Konzept der Universaldienste (Dienstleistungen von allgemeinem Interesse).

[7] Zu Dienstleistung von allgemeinen Interesse, siehe https://eur-lex.europa.eu/legal-content/DE/TXT/?uri=LEGISSUM:services_general_economic_interest und https://ec.europa.eu/info/topics/single-market/services-general-interest_de. Siehe EU-Kommission zu staatlichen Beihilfen, https://eur-lex.europa.eu/DE/legal-content/summary/state-aid-application-of-rules-for-services-of-general-economic-interest-sgei.html.

[8] Siehe Verordnung (EG) 1370/2007 Artikel 1 Absatz (1).

[9] Siehe dazu auch im Weißbuch der EU-Kommission, Die Europäische Verkehrspolitik bis 2010: Weichenstellungen für die Zukunft, KOM(2001)/370.

1370/2007 legt einen Fokus auf die wettbewerbliche Vergabe von Verkehrsdienstleistungen. Das Ziel dieser Vergabe besteht darin, den kostengünstigsten Betreiber mit der Bereitstellung der Dienstleistungen zu beauftragen. Gleichzeitig wird deutlich, dass den Einnahmen aus dem Fahrscheinverkauf eine ebenso wichtige Rolle bei der Reduzierung der staatlichen Mittelaufwendungen zukommt.

Hieraus resultiert für den Staat ein Zielkonflikt, denn auf der einen Seite soll ein möglichst umfangreiches, zu anderen Verkehrsträgern konkurrenzfähiges Angebot geschaffen werden, auf der anderen Seite gilt aber das Gebot des effizienten Einsatzes öffentlicher Mittel. Dem ÖPNV kommt zudem im Rahmen der aktuellen Klimapolitik eine herausragende Rolle zu.[10] Die Erfahrungen aus der Einführung des 9-Euro-Tickets haben jedoch gezeigt, dass das derzeitige System schon jetzt an seine Kapazitätsgrenzen stößt (Sieg, 2022).[11] Zumindest kurz- bis mittelfristig lassen sich die bestehenden Kapazitätsprobleme auf den unterschiedlichen Wertschöpfungsstufen des Verkehrssektors nicht lösen.

Die Bereitstellung der Netzinfrastruktur verursacht hohe Fixkosten im Schienenverkehr. Aufgrund der Subadditivität der Kosten wird in der Regel vom Vorliegen eines natürlichen Monopols ausgegangen.[12] Dies bedeutet, dass sich der Aufbau paralleler Infrastrukturen für Nahverkehre, Fernverkehre und Güterverkehre in der Regel nicht rentiert. Die Ausweitung der Kapazität z. B. durch den Bau eines zusätzlichen Gleises verursacht sprungfixe Kosten. Dies ist problematisch, wenn die zusätzliche Kapazität nicht vollständig genutzt wird und sich dadurch die Durchschnittskosten der Bereitstellung pro Verkehrseinheit erhöhen. Diese Ineffizienz in der Bereitstellung der Infrastruktur setzt sich auf der nächsten Ebene, der Verkehrsdienste, durch höhere Kosten fort und kann eine effiziente Nutzung verhindern. Die optimale Bepreisung der knappen Infrastruktur ist nicht Hauptbestandteil dieses Aufsatzes, wird aber in Abschn. 5.3 in den Kontext eingeordnet.

Auf der Ebene der Bereitstellung der Verkehrsdienste bestehen ähnliche Probleme. Zwar wird auf dieser Ebene nicht von Subadditivität ausgegangen. Dennoch verursacht auch die Anschaffung eines zusätzlichen Zuges sprungfixe Kosten. Abge-

---

[10] Siehe dazu die Zielsetzungen der EU-Kommission mit dem Green Deal, https://commission.europa.eu/strategy-and-policy/priorities-2019-2024/european-green-deal/transport-and-green-deal_en und https://commission.europa.eu/strategy-and-policy/priorities-2019-2024/european-green-deal/delivering-european-green-deal_en.

[11] Siehe anekdotisch zu den Kapazitätsproblemen auch https://www.n-tv.de/politik/Durchwachsener-Erfolg-9-EUR-Ticket-mag-sozialpolitisch-sinnvoll-sein-hilft-Klima-aber-nur-bedingt-article23550022.html. Gegenbeispiele lassen sich z. B. in Krämer et al. (2022) finden.

[12] Zum Kontext der Entstehung von natürlichen Monopolen und Subadditivität, siehe Viscusi et al. (2018, Kap. 12) oder Borrmann und Finsinger (1999, Kap. 4).

sehen davon, wird die Anzahl der maximal angebotenen Sitzplätze auch maßgeblich durch die (Schienen-)Infrastruktur bestimmt, da für zusätzliche oder längere Züge auch die entsprechende Kapazität vorhanden sein muss (Slots bzw. ausreichend lange Bahnsteige). Insbesondere im Nahverkehr konzentriert sich die Nachfrage der Kunden auf einige wenige Tageszeiten (z. B. Pendlerverkehre), sodass die bestehenden oder zusätzlich angeschafften Sitzplatzkapazitäten nur auf einigen wenigen Fahrten vollständig ausgelastet werden können. Werden die Kosten der Bereitstellung der Spitzenlastkapazitäten auf alle Fahrgäste umgelegt (z. B. durch das Festlegen eines einheitlichen Preises über alle Tageszeiten), führt dies zu Ineffizienzen.

Genau an dieser Stelle soll das Konzept der Spitzenlastbepreisung diskutiert werden. Ziel dieses Konzeptes ist, die Preise flexibel an Engpasszeiträume (z. B. Pendlerzeiten morgens und abends) anzupassen und eine effiziente Bepreisung zu erreichen. Dadurch werden die Kosten der Bereitstellung höherer Kapazitäten durch die Fahrgäste der Spitzenlastperioden getragen. Diese Art der lastabhängigen Bepreisung führt dazu, dass in nachfragestarken Zeiträumen höhere Preise verlangt werden als in nachfrageschwachen Nebenzeiten. Im Vergleich zur uniformen Preissetzung kann dadurch die in der Spitze benötigte Kapazität reduziert werden, während auch in den Nebenzeiten aufgrund günstigerer Preise die Auslastung steigt. Dies kann insgesamt dazu führen, dass ein größerer Teil der Kosten durch die Nutzer getragen wird und entsprechend weniger staatliche Mittel für die Bereitstellung einer Verbindung notwendig sind.

5.2 Beurteilung optimaler Preissetzung und ihrer Alternativen

Das Konzept der Spitzenlastbepreisung

Güter oder Dienstleistungen wie eine Bahnfahrt sind in der Regel nicht lagerfähig. Die Nachfrage kann zu bestimmten Zeitpunkten (Rush-Hour) an die Grenze der insgesamt verfügbaren Kapazität (Sitzplätze im Waggon bzw. Zug) stoßen, ohne dass das Angebot kurzfristig angepasst werden könnte. Diese Problematik muss bedacht werden, weil solche Spitzenlasten (Peaks) die Servicequalität von Dienstleistungen verringern können. So ist es für Passagiere in der Rush Hour zuweilen schwierig bis unmöglich, einen Sitzplatz zu finden. Es muss also hinreichend in Kapazität investiert werden, um die Spitzenlast (Peak-load) decken zu können. Bei Gütern wie Sitzplätze in einem Zug besteht die Problematik darin, dass das Gut an sich ein privates Gut ist (die Bahnfahrt), während die Kapazität (die Aufnahmekapazität eines

Waggons) ein Klubgut ist. Klubgüter zeichnen sich durch Ausschließbarkeit und Nicht-Rivalität im Konsum aus. Passagiere müssen mit einem Ticket die Dienstleistung der Bahnfahrt/Busfahrt bezahlen und können von dieser Dienstleistung durch z. B. Kontrolleure oder Zutrittsbarrieren ausgeschlossen werden (Ausschließbarkeit). Solange die Kapazität noch nicht erreicht ist, haben alle Konsumenten die Möglichkeit mitzufahren und haben keinen Einfluss auf die Mitfahrmöglichkeiten eines anderen Konsumenten (Nicht-Rivalität). Sobald jedoch die Kapazität im Zug erreicht ist entsteht das Problem der „congestion". Personen finden keinen Sitzplatz mehr, können nicht mehr mitfahren und verzögern den Betriebsablauf, sodass nun Rivalität im Konsum vorliegt. Um das Problem der (Transport)Kapazitäten zu berücksichtigen, ist das Peak-load Pricing[13] eine Möglichkeit, um diese verschiedenartigen Eigenschaften der Güter/Dienstleistungen bei der Bestimmung der Preise optimal zu berücksichtigen. Diese Art der Preissetzung ist in der Lage, den gesellschaftlichen Nutzen zu maximieren, unter den Nebenbedingungen eine optimale Kapazität zu wählen und privatwirtschaftlichen Unternehmen kostendeckende Preise zu erlauben bzw. den staatlichen Finanzbedarf zu minimieren (Auriol et al., 2021).

Die Idee des peak-load pricings kann anhand Abb. 5.1 verdeutlicht werden (Viscusi et al., 2018). In der kurzen Frist kann die Kapazität des Verkehrssystems K nicht verändert werden, da die Beschaffung zusätzlicher oder größerer Waggons oder Personal nicht ohne längere Vorlaufzeit möglich ist. Bis zum Erreichen der maximalen Kapazität fallen bei der Bereitstellung von Verkehrsdienstleistungen Grenzkosten in Höhe von b an. Sobald die Kapazität ausgelastet ist, steigen die Kosten für einen zusätzlichen Sitzplatz ins Unendliche, da die Bereitstellung eines weiteren Waggons mit sehr hohen Kosten verbunden wäre. Entsprechend ergibt sich formal ab diesem Punkt eine vertikal verlaufende kurzfristige Grenzkostenkurve (SRMC). In der langen Frist besteht die Möglichkeit die Kapazität auszuweiten. Entsprechend ergibt sich eine horizontal verlaufende langfristige Grenzkostenkurve (LRMC), welche sowohl die kurzfristigen Grenzkosten (b) sowie einen Aufschlag in Form von Kapazitätskosten β beinhaltet.

Auf Konsumentenseite wird zwischen der Nachfrage zum Zeitpunkt der Spitzenlast (D^{Peak} bspw. zur Rush-Hour tagsüber) und einem Zeitpunkt mit geringerer Nachfrage ($D^{\text{Off-Peak}}$ bspw. nachts) unterschieden. Um nun die Wohlfahrt zu maximieren, sollten bei gegebenen Kapazitäten im hier skizzierten Beispiel die Preise im Off-Peak auf dem Niveau der kurzfristigen Grenzkosten gesetzt werden, während

---

[13] Peak-Load pricing wird in der Literatur manchmal auch Time-Of-Use-Pricing genannt, Viscusi et al. (2018, S. 531). Siehe dazu auch Auriol et al. (2021), Boiteux (1960) und Joskow (2007).

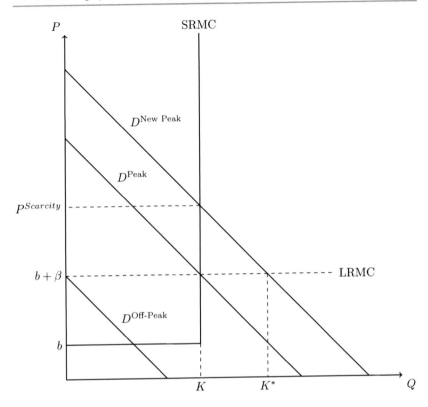

Abb. 5.1 Peak-Load Pricing mit New Peak

im Peak Preise auf dem Niveau der langen Frist gesetzt werden. Somit sollte der Preis in der Off-peak Periode gleich b und der Spitzenlastpreis gleich $b + \beta$ sein. Die Konsumenten der Spitzenlast müssen, im Vergleich zu denen des Off-Peaks, einen höheren Preis zahlen, um in der langen Frist die Kapazitätskosten β zu decken.

Wenn die Nachfrage während der Spitzenlastperiode auf $D^{\text{New Peak}}$ steigt, z. B. weil sich mehr Arbeitnehmer aus Umweltgesichtspunkten für den ÖPNV entscheiden, wäre ein neues Kapazitätsniveau K^* optimal. Für eine optimale Preispolitik müssten die Spitzenlast-Konsumenten die zusätzlichen Kapazitätskosten alleine tragen. Ein gesonderter preissteigernder Effekt entsteht außerdem dadurch, dass in der kurzen Frist das Kapazitätsniveau K nicht sofort auf K^* steigen kann. Der kurzfristig optimale, hohe Preis $P^{Scarcity}$ reflektiert die vorhandene Knappheit bezüglich der Kapazität und verhindert einen Nachfrageüberhang, der sich z. B. kurzfristig in Form von überfüllten Zügen äußern würde.

In diesem Beispiel der Spitzenlastbepreisung wird davon ausgegangen, dass die Nachfrage in der Off-Peak Periode, bei einem Preis entsprechend der kurzfristigen Grenzkosten, nicht zu einem Problem bei der Auslastung der Kapazität führt, d. h. die Nachfrage unter der Kapazität K liegt. Sollte die Off-Peak Nachfrage darüber liegen, stellt sich das Problem ein, dass im Off-Peak vom Preis b abgewichen werden muss. Dieses Phänomen wird „wandernde Lastspitze" genannt und hat Folgen für das gesamte Preissystem. Zuvor wurden die Kosten der Kapazitätsbereitstellung ausschließlich durch den Peak gedeckt, während nun die Kapazitätskosten auf beide Konsumentengruppen verteilt werden müssen. Hierbei muss zwischen zwei Fällen unterschieden werden. Zum einen kann es kurzfristig zu einer Situation kommen, in der die Off-Peak-Nachfrage unter Grenzkostenbepreisung b die Kapazität K übersteigt, z. B. weil bei sehr niedrigen Grenzkosten und entsprechend niedrigen Preisen die nachgefragte Menge sehr hoch ist. Ein Beispiel hierfür stellt das „Schöne-Wochenende-Ticket" dar, welches der Vorgänger des „Quer-Durchs-Land-Ticket" war. Bei Einführung des Tickets im Jahr 1995 konnte eine Gruppe von 5 Personen für einen Preis von 15 D-Mark (50 Personen für 120 D-Mark bzw. 100 Personen für 160 D-Mark) am gesamten Wochenende den ÖPNV in Deutschland nutzen. In der kurzen Frist reagierten die Nutzer mit einer drastischen Ausweitung der Nachfrage, sodass die Kapazität zur Deckung des Verkehraufkommens nicht ausreichte. Entsprechend müsste ein solcher Tarif sodann auch Teile der Kapazitätskosten beinhalten.[14]

Zum anderen spielt auch die Flexiblität der Verbraucher im Hinblick auf die Verteilung ihrer Nachfrage auf Peak und Off-Peak eine Rolle. Wenn langfristig die Nachfrage elastisch genug ist, um eine Verschiebung der Nachfrage vom Peak in den Off-Peak auszulösen, z. B. um von günstigeren Off-Peak-Preisen zu profitieren, zeigt sich das Phänomen der wandernden Lastspitze (Joskow, 2007, S. 1283–1285).[15] Ein Beispiel zur Elektrizitätsnachfrage in den Jahren 1960 bis 1970, welches von (Joskow, 2007, S. 1283–1285) zur wandernden Lastspitze angeführt wird, verdeutlicht dieses Problem anhand von Substitutionsverhalten von Konsumenten in der langen Frist. Um von günstigen Off-Peak Preisen zu profitieren, installierte eine große Zahl von Konsumenten eine Elektroheizung, z. B. eine Nachtspeicherheizung. Dies führte

---

[14] Siehe hierzu https://www.berliner-zeitung.de/sparticket-fuer-grosse-gruppen-wird-zurueckgezogen-deutsche-bahn-vom-ansturm-ueberwaeltigt-li.8500 oder https://www.spiegel.de/politik/wie-in-sarajevo-a-b7eb12ab-0002-0001-0000-000009209237?context=issue.

[15] Siehe dazu auch Knieps (2008, S. 225–229).

dazu, dass die Nachfrage nach Strom während der Heizperiode in der eigentlichen Off-Peak Zeit (Nachts) auf die Werte des Peaks am Tag stiegen.

Es ist entscheidend zu verstehen, dass die Konsumenten des Peaks den Hauptteil der (nicht durch staatliche Mittel gedeckten) Kosten der Kapazitätsbereitstellung tragen, während sich Nutzer im Off-Peak geringeren Preisen gegenüber sehen. Eine wandernde Lastspitze ändert dabei letztlich nichts an der Effizienz der Spitzenlastbepreisung, sondern führt durch resultierende Preisanpassungen in der bisherigen Off-Peak Zeit zu einer Verteilung der Finanzierungslast auf eine größere Gruppe. Aus theoretischer Sicht führt die Spitzenlastbepreisung somit zu einer effizienten Auslastung und Finanzierung der bestehenden Kapazität. Inwiefern sich die Spitzenlastbepreisung in der Praxis umsetzten lässt, wird im nächsten Abschnitt analysiert.

Praxistauglichkeit der Spitzenlastbepreisung

Spitzenlastbepreisung wird in unterschiedlichen Ausgestaltungen in einer Vielzahl von öffentlichen Nahverkehrssystemen angewendet. Eine auch in Deutschland weit verbreitete Form ist das sogenannte 9-Uhr-Ticket mit Vergünstigungen, wenn eine Fahrt erst nach der morgendlichen Hauptverkehrszeit angetreten wird.[16] Es lassen sich weitere Länder und Städte finden, die im Stil der Spitzenlastbepreisung ihren ÖPNV bepreisen. Darunter fallen die ÖPNV-Systeme in Stockholm (Rantzien & Rude, 2014) oder in Sydney (Ellison et al., 2017). In der Literatur finden sich zudem Simulationsstudien zu den zu erwartenden Effekten einer Spitzenlastbepreisung beim Euro-Tunnel (Glaister, 1976; Mills & Coleman, 1982) oder von Autobahnen in San Francisco (Keeler & Small, 1977) und der Region um Los Angeles (Pan et al., 2011). Diesen Beispielen ist gemein, dass sich durch die Spitzenlastbepreisung die Kapazitätsauslastung verbessern lässt, Mehreinnahmen generiert werden können und das Gesamtfahraufkommen höher ausfallen kann.

Ein weiteres Beispiel ist das London Underground Fare System (LUFS). Dieses Tarifsystem gibt Nutzern Anreize im Off-Peak zu fahren. Montags bis Freitags gelten in (Spitzenlast-)Zeiten zwischen 06:30 und 09:30 Uhr und von 16:00 bis 19:00 Uhr höhere Preise. Fahrten, die zu anderen Tageszeiten beginnen, kosten in der Regel deutlich weniger. Die Ersparnis beträgt je nach Tarifzone zwischen 0 und 40 %. Die Abrechnung erfolgt dabei entweder über die sogenannte Oyster Karte oder über eine kontaktlose Kredikarte. Gleichzeitig bestehen Preisobergrenzen (sogenannte Caps), die die maximalen Kosten für einen Tag bzw. für eine Woche deckeln. Für Vielfahrer besteht zudem die Möglichkeit zum Erwerb von Monats- oder Jahreskarten. Diese

---

[16] Im hessischen Verkehrsverbund RMV ist eine 9-Uhr-Monatskarte beispielsweise 25 % günstiger als eine vergleichbare Standard-Monatskarte, welche auch während der Hauptverkehrszeiten gültig ist (https://www.rmv.de/c/de/fahrkarten/sortiment-verkauf/fahrkarten-im-ueberblick/monatskarten/9-uhr-monatskarte-erwachsene).

sogenannten Travelcards können mit oder ohne Option zur Nutzung in Spitzenzeiten erworben werden.

Auch wenn die Digitalisierung die Nutzung des ÖPNV und die Anwendung der Spitzenlastbepreisung vereinfachen kann, sind die Herausforderungen für die Konsumenten nicht vernachlässigbar. Gerade die Einführung komplexerer Tarif-strukturen kann bei den Nutzern im ökonomischen Sinn zusätzliche Kosten ver-ursachen, da diese die neuen Tarifstrukturen zunächst verstehen müssen. Ein zu komplexes Tarifsystem könnte dabei sogar abschreckend wirken (siehe z. B. Ariely (2000) und Lee und Lee (2004) zum Problem der Informationsüberflutung von Kon-sumenten).[17] In vielen Bereichen des öffentlichen Nahverkehrs bestehen aus diesen Gründen zusätzlich Komponenten eines uniformen Tarifs (siehe das obige Beispiel zu London). Die entstehenden Ineffizienzen bei Anwendung einer ausschließlich uniformen Preissetzung werden im nächsten Kapitel untersucht.

Vergleich zur uniformen Preissetzung

Um den Effizienzgewinn der Spitzenlastbepreisung zu verdeutlichen, ist es sinnvoll, sich die Auswirkungen einer einheitlichen Preissetzung anzuschauen (s. Abb. 5.2), unter die z. B. ein uniformes Jobticket (Beispiel Hessenticket, Busch-Geertsema et al. (2021)) oder das bundesweit einheitliche 9-EUR-Ticket fällt. Bei einem ein-heitlichen Preis P^U ist die Kapazität K_U erforderlich, um die Spitzenlast bedienen zu können. Da aber die Kapazität $K < K_U$ optimal wäre, wird durch die einheitliche Preissetzung eine zu große Kapazität installiert. Zwar entsteht bei den Konsumen-ten der Spitzenlastperiode ein Zugewinn (grünes Dreieck in Abb. 5.2). Dieser ist aber geringer als die entstehenden Kosten, die durch den Staat kompensiert werden müssen. (Die Kosten entsprechen dem grünen und dem roten Dreieck. Es entsteht ein Wohlfahrtsverlust in Höhe des roten Dreiecks, Abb. 5.2). Bei den Konsumenten der Off-peak Periode entsteht ein Wohlfahrtsverlust (gelbes Dreieck in Abb. 5.2) durch die Zurückdrängung ihrer Nachfrage. Die Konsumenten der Spitzenlastperi-ode zahlen mit P^U einen Betrag, der kleiner als die langfristigen Grenzkosten ist. Die Konsumenten der Off-peak Periode nutzen aufgrund der höheren Preise nur eine suboptimale Menge der installierten Kapazität. ist und die Konsumenten der Off-peak Periode nutzen nur eine suboptimale Menge der installierten Kapazität bedingt durch die höheren Preise. In der Praxis äußert sich ein solche Übernutzung

---

[17] Empirische Evidenz aus Großbritannien zu einem Experiment zur Tarifkomplexität auf der Zugstrecke London-Leeds (Intercity) zeigt, dass eine Erhöhung der Komplexität durch z. B. eine bessere Auswahl an flexiblen Tarifen die Nachfrage auf dieser Strecke deutlich erhöhen würde. Konsumenten hilft die verbesserte Flexibilität des Tarifsystems, einen pas-senden Tarif zu finden. Entscheidend für ein wirksames komplexes Tarifssystem ist jedoch, den Konsumenten den Aufbau des Tarifsystems eingäng zu erklären (Anciaes et al., 2019).

im Peak z. B. dadurch, dass Fahrten mit dem ÖPNV durchgeführt werden, die sonst zu Fuß oder mit dem Fahrrad erledigt worden wären (siehe Erfahrungen aus dem 9-EUR-Ticket im nächsten Abschnitt).

Ein Extremfall der einheitlichen Preissetzung ist der kostenlose ÖPNV, auch als „fare-free public transport" (FFPT) bezeichnet. Hierbei wird ein Preis von $P^{FFPT} = 0$ eingeführt. Hierdurch würde die Nachfrage sowohl im Off-Peak als auch im Peak maximiert werden. Dies hätte zur Folge, dass sowohl die kurzfristigen als auch langfristigen Grenzkosten vollständig subventioniert werden müssten (Steuerfinanzierung). Weiterhin würde dieser Preis eine noch größere Kapazität jenseits von K_U auf K^{FFPT} erforderlich machen (s. Abb. 5.2). Die Konsumenten erhalten zunächst einen Zugewinn (grünes Dreieck plus schraffierte Flächen in Abb. 5.2), der die entstehenden Kosten aber nicht deckt. Letztlich stellt sich ein Wohlfahrtsverlust ein (rotes Dreieck plus orange Flächen in Abb. 5.2), der Gewinn der Konsumenten kann den Verlust der Steuerzahler nicht kompensieren. Da die Kapazität als langfristige Variable zu verstehen ist, ergibt sich bei einem kurzfristig

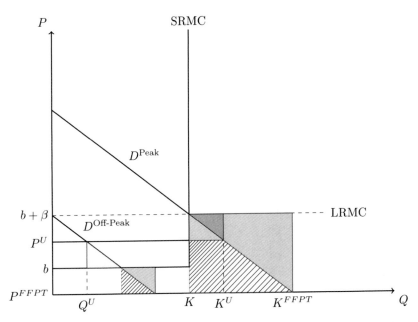

Abb. 5.2 Uniforme Preissetzung P^* zwischen den langfristigen und kurzfristigen Grenzkosten. Im Extremfall mit P^{FFPT} ein Nulltarif

eingeführten einheitlichen Preissystem ein Nachfrageüberhang, der sich z. B. in der Realität in überfüllten Zügen äußert.

Die Finanzierung der Dienstleistung würde im Fall des FFPT ausschließlich durch den Staat erfolgen (Steuerfinanzierung). Dies hat letztlich auch zur Folge, dass Governance-Probleme entstehen können. Der Marktmechanismus, der sich durch die Koordination der Akteure über Preise auszeichnet, wird ausgeschaltet. Das bedeutet, dass das vorherige Preissignal zur Erfassung des Wertes von Leistungen entfällt und Informationen über die Nachfrageseite zur optimalen Bildung einer Kapazität fehlen (Sieg, 2018). Insbesondere diese Lenkungswirkungen und -möglichkeiten entfallen durch Verwendung eines einheitlichen Tarifs. Die entstehenden höheren Kosten dieses einheitlichen Tarifs würden sich in der Notwendigkeit von mehr Fahrzeugen (z. B. Waggons oder Triebzüge), Personal oder einer deutlichen Verringerung der Servicequalität äußern. Die Kapazitätsprobleme und Verringerung der Servicequalität hat sich diesbezüglich z. B. beim 9-EUR-Ticket in massiver Überfüllung der Züge geäußert (Sieg, 2022).

Empirische Evidenz zur uniformen Preissetzung und zum 9-EUR-Ticket
In diesem Kontext bietet es sich an, die Effekte des 9-EUR-Tickets und des für das Jahr 2023 geplanten Nachfolgers näher zu untersuchen. Wie bereits ausgeführt, konnte das 9-EUR-Ticket von Juni bis August 2022 erworben werden. Am 4. September 2022 wurde die Einführung eines Nachfolgetickets (Deutschlandticket) erstmals beschlossen. Am 2. November sowie 8. Dezember 2022 wurden weitere Eckpunkte und Details ausgearbeitet.[18] In einer Marktforschungsstudie, welche der Verband Deutscher Verkehrsunternehmen (VDV) mit weiteren Partnern durchgeführt hat, wurde das 9-EUR-Ticket evaluiert. Die Studie kommt zum Ergebnis, dass 17 % der Nutzer vom PKW, Fahrrad oder weiteren Verkehrsmitteln auf den ÖPNV umgestiegen sind. Weiterhin sollen 10 % der Ticketinhaber auf mindestens eine ihrer täglichen Autofahrten verzichtet haben. Insbesondere der Kaufpreis sei ein Hauptargument für den Erwerb des Tickets gewesen. Hingegen zeigte sich, dass die fehlende Anbindung im ländlichen Raum oder komplexere Umsteigeverbindungen Gründe für einen Nichterwerb des 9-EUR-Tickets waren.[19] Im Einklang mit den Ergebnissen existierender Studien zum FFPT zeigt sich, dass eine Vergünstigung und Vereinfachung des bestehenden Angebots zu einer Ausweitung der Nachfrage führen kann.

---

[18] https://www.bmdv.bund.de/SharedDocs/DE/Artikel/K/9-euro-ticket-beschlossen.html, https://www.bundesregierung.de/breg-de/aktuelles/deutschlandticket-2134074 und https://www.bundesregierung.de/breg-de/suche/ministerpraesidentenkonferenz-2152454.

[19] https://www.vdv.de/bilanz-9-euro-ticket.aspx

Neben dem VDV hat das Statistische Bundesamt (DESTATIS) Verlagerungseffekte unter Verwendung von Mobilfunkdaten untersucht. Im Vergleich zum Vorjahresmonat kam es im Juni 2022 zu einer deutlichen Zunahme der Fahrten im Schienenpersonenverkehr auf kurzen und mittleren Distanzen. Dabei wurden zu Beginn Anstiege von 18 % bis 64 % beobachtet. Insbesondere Zugreisen am Wochenende verzeichneten starke Zuwächse. Parallel dazu gab es einen leichten Rückgang im motorisierten Individualverkehr.[20] Über den gesamten Zeitraum der Gültigkeit des 9-EUR-Tickets bestimmte das Statistische Bundesamt eine durchschnittliche Erhöhung des Bahnreiseaufkommens um 44 %. Bei Distanzen zwischen 100 km und 300 km ermittelte das Statistische Bundesamt sogar einen Wert von 57 %. Nach der Beendigung der Maßnahme verschwand der Effekt und das Verkehrsaufkommen näherte sich wieder dem Niveau aus 2019.[21]

Die kurzfristige Erhöhung des Fahrgastaufkommens nach der Implementierungen eines uniformen Preissystems finden sich in diversen empirischen Studien der letzten Dekaden. Hierzu gehören die Umstellungen der Bepreisung der Verkehrssysteme in Tallin (Cats et al., 2014, 2017; Hess, 2017), Santiago (Chile) (Bull et al., 2021), Belgien und den Niederlanden (Van Goeverden et al., 2006), Japan (Fujii & Kitamura, 2003) sowie weitere Metastudien (Fearnley, 2013). Die Erhöhung der ÖPNV-Nutzung war stets mit starken Verlagerungseffekten von anderen Verkehrsträgern verbunden. Oftmals blieben jedoch die intendierten Effekte auf den motorisierten Individualverkehr aus. Stattdessen wurde oftmals eine Verringerung der Verwendung des Fahrrads oder von sonst zu Fuß zurückgelegten Wegen als unerwünschter Nebeneffekt festgestellt. Zudem wurde der ÖPNV vermehrt für Freizeittrips genutzt.

Letztlich zeigt sich anhand dieser empirischen Beispiele, dass die Verwendung eines uniformen Preises bzw. im Extremum ein FFPT ein vermehrtes Aufkommen im ÖPNV bewirken kann. Wie bereits bei der Diskussion von Abb. 5.2 angesprochen, fördert dies Kapazitätsprobleme. Kostenaspekte werden oftmals nicht betrachtet, wodurch unklar bleibt, inwiefern ein ineffizientes und möglicherweise teures Marktergebnis erreicht wird. Bei der Implementierung des FFPT in Luxemburg zeigte sich z. B., dass die Entscheidung zur Einführung aus politischen Beweggründen erfolgte, die nicht im Zusammenhang mit der eigentlichen verkehrspolitischen Zielsetzung standen. Kritiker argumentieren, dass die Erreichung (sozio-)

---

[20] https://www.destatis.de/DE/Presse/Pressemitteilungen/2022/07/PD22_284_12.html

[21] Siehe https://www.destatis.de/DE/Presse/Pressemitteilungen/2022/09/PD22_377_12.html. Daten zum Pendlerverhalten finden sich auch unter https://www.destatis.de/DE/Service/EXDAT/Datensaetze/mobilitaetsindikatoren-mobilfunkdaten.html. Die Mobilfunkdaten wurden von Teralytics bereitgestellt https://www.teralytics.net/de/funktioniert-das-9-euro-ticket/.

ökonomischer Ziele oder Nachhaltigkeitsaspekte aufgrund politischer Profilierung in den Hintergrund geraten sind (Carr & Hesse, 2020).[22]

Positive Externalitäten von Subventionen – Der Mohring-Effekt
Wie bereits im einleitenden Abschnitt dieses Kapitels angeführt, ist die Spitzenlastbepreisung ein Instrument, um Probleme der Kapazitätsauslastung bei schwacher Nachfrage effizient zu lösen. Aspekte der Verteilungsgerechtigkeit und Daseinsvorsorge sind nicht Bestandteil dieses Instruments. Sie sind aber relevant für eine vollständige Lösung. In der Realität greift der Staat deswegen mittels Subventionierung in das Marktgeschehen ein, um Preise auf einem niedrigeren Niveau zu halten, als der Markt eigentlich hergeben würde. Dieses Vorgehen kann trotz der Kapazitätsproblematik auch ökonomisch sinnvoll sein, wie im folgenden gezeigt wird.

Ein wichtiger Grund für die Subventionierung ist der sog. Mohring-Effekt. Hierbei entsteht eine positive Externalität durch ein erhöhtes Fahraufkommen, da die hierfür erforderliche höhere Frequenz bzw. Fahrdichte die Wartezeit bzw. allgemein die Opportunitätskosten für alle Nutzer reduziert (Button, 2010; Mohring, 1972). Diese positive Externalität kann über Subventionen internalisiert werden. Daneben kann die Subventionierung des ÖPNV auch als Alternative zu einer Anhebung der Steuer auf den motorisierten Indivdualverkehr gesehen werden, die dazu beitragen könnte, die dort vorhandenen negativen Externalitäten zu internalisieren (Basso & Silva, 2014; Parry & Small, 2009). Diese Argumente werden in der Literatur als zentral angesehen, um Subventionen für den ÖPNV zu rechtfertigen (Basso & Jara-Diaz, 2010; W. Vickrey, 1980).

Zumindest die aufgrund von Marktverzerrungen gerechtfertigten Subventionen sollten perspektivisch durch eine direkte Besteuerung der negativen Externalitäten des motorisierten Individualverkehrs mittels einer Straßenmaut oder Steuer ersetzt werden (Sieg, 2022).[23] Durchaus sinnvoll scheint zudem auch eine Verlagerung der Subventionierung auf die Infrastrukturebene, wie im Kapitel 5.3 Infrastrukturbepreisung zu Grenzkosten diskutiert wird.

Verteilungsgerechtigkeit und Spitzenlastbepreisung
Neben dem Mohring-Effekt, der ein Argument für die Subventionierung des ÖPNV darstellt, kann über Subventionen auch teilweise dem Problem der Verteilunsgerechtigkeit begegnet werden, welche durch die Spitzenlastbepreisung entstehen können.

---

[22] Das Handeln der Institutionen Luxemburgs wird mit dem Begriff „Post-Politisch" beschrieben.

[23] Siehe zur Internalisierung durch Steuern Kap. 6.

Gerade Bevölkerungsgruppen mit einem niedrigen Einkommen können sich Mobilität zu hohen Preisen nicht leisten. Wenn diese Gruppen jedoch auch zu Spitzenlastzeiten auf den ÖPNV angewiesen sind, kann eine gezielte Transferpolitik deren Belastung reduzieren, ohne dabei in den Mechanismus der aus ökonomischer Sicht effizienten Spitzenlastbepreisung einzugreifen. Fraglich bleibt in diesem Zusammenhang jedoch, ob die Transfers nachfrageseitig bei den Konsumenten angesetzt werden sollten oder ob angebotsseitige Subventionen das richtige Mittel sind. Studien zu angebotsseitigen und nachfrageseitigen Subventionen kommen zum Ergebnis, dass nachfrageseitige Subventionen in den meisten Fällen effektiver wirken. Börjesson et al. (2020) finden z. B. im Fall von Stockholm keine positiven Effekte einer angebotsseitigen Subventionierung, die der Tarifreduzierung einkommensschwacher Gruppen dient. Nur wenn eine sehr große Gruppe einkommensschwacher Konsumenten besteht, ist die angebotsseitige Subventionierung direkten Transferzahlungen vorzuziehen (Basso & Silva, 2014).

5.3 Infrastrukturbepreisung zu Grenzkosten

Für einen effizienten und effektiven ÖPNV ist eine entsprechend gut ausgebaute Netzinfrastruktur unabdingbar. Die Kosten, die ein Verkehrsunternehmen für die Nutzung der (Schienen-)Infrastruktur zahlen muss, beeinflussen auch die Höhe der Fahrkartenpreise. Derzeit wird der Zugang zum Schienennetz in Deutschland, soweit er nicht durch Subventionen gedeckt wird, mit (Durchschnitts-)Kosten bepreist. Die Europäische Gesetzgebung sieht zur Bestimmung der Netzentgelte für die unterschiedlichen Verkehre einen Ansatz vor, der der ökonomischen Theorie der Ramsey-Boiteux-Preissetzung entspricht (siehe zur optimalen Preissetzung bei Netzinfrastruktur: Viscusi et al. (2018, S. 523 ff.), Baumol und Bradford (1970), Boiteux (1956), Brown et al. (1986), Ramsey (1927) und Vickers (1997)). Hierbei kann der Infrastrukturbetreiber Aufschläge auf die Grenzkosten erheben, um volle Kostendeckung zu erreichen. Die Höhe der Aufschläge soll sich dabei nach der Tragfähigkeit der einzelnen Verkehre richten. Obwohl aufgrund des Gemeinwohlcharakters und der Höhe der Subventionen, die zum Betrieb des öffentlichen Nahverkehrs notwendig sind, davon ausgegangen werden kann, dass Nahverkehre nur eine sehr niedrige Tragfähigkeit aufweisen, werden auch für diese Verkehre Aufschläge erhoben.[24] Die intendierte Wirkung, durch die Regulierung der Netzentgelte

[24] Siehe zum Trassenentgeltsystem https://fahrweg.dbnetze.com/fahrweg-de/kunden/leistungen/trassen/uebersich_tps, die EU-Richtlinie 2012/34/EU mit der Durchführungsverordnung 2015/909 und zur Netzentgeltregulierung Fetzer (2020, Abschn. 2.3.4).

die notwendigen staatlichen Subventionen zu verringern, ist ausgeblieben (Götz & Schäfer, 2020).

Es ist aus diesem Grund fraglich, warum für Nahverkehre vom theoretischen Optimum (erstbeste Lösung), der Grenzkostenbepreisung mit Transfers in Höhe der fixen Kosten, abgewichen wird. Insbesondere, da das sonst angeführte Argument der positiven Kosten der Besteuerung *(social costs of public funds)* aufgrund der auf der Verkehrsebene schon vorliegenden Subventionierung nicht haltbar zu sein scheint.[25] Die Berechnungen der effizienten Ramsey-Boiteux-Preissetzung (zweitbeste Lösung) basiert weiterhin darauf, dass die Substitutionseffekte, z. B. die Reaktionen zwischen Schiene und Straße, zwischen den konkurrierenden Verkehrsträger bekannt bzw. bestimmbar sind. Die Eigenpreiselastizität der Nachfrage nach dem jeweiligen Verkehrsträger muss genauso korrekt bestimmt werden wie die Kreuzpreiselastizität zu den anderen Verkehrsträgern. Letztere gibt an, wie stark die Nachfrage dieses Verkehrsträger (z. B. Schiene) auf Preisänderungen eines anderen Verkehrsträgers (z. B. Straße) reagiert. Ansonsten kann die Ramsey-Boiteux-Preissetung nicht effizient wirken und der Netzbetreiber die Infrastruktur nicht kostendeckend betreiben (Shepherd, 1992). Unter gewissen Bedingungen kann die Ramsey-Boiteux-Preissetzung sonst auch bei gegebener Tragfähigkeit nicht direkt das Optimum abbilden (Arnott & Kraus, 1993).

Die durch die Grenzkostenbepreisung sinkenden Deckungsbeiträge könnten im Falle des Nahverkehrs durch eine Umschichtung der Subventionierung von der Verkehrsebene hin zur Infrastrukturebene ausgeglichen werden. Dies würde auch das vorliegende Problem der sogenannten doppelten Gewinnaufschläge reduzieren. Die Verkehrsebene würde nicht länger einen Aufschlag auf die Grenzkosten der Schienenwege zahlen und bei der Frage, ob zusätzliche Verkehre angeboten werden sollen, die sozialen Grenzkosten berücksichtigen. Mittel können so effizienter eingesetzt werden. Zudem bestehen auf der Infrastrukturebene bereits die passenden Finanzierungsmechanismen[26] sowie regulatorischen Kompetenzen[27].

---

[25] Siehe dazu Borrmann und Finsinger (1999, Kap. 6, S. 163).

[26] Teile der Kosten der Infrastruktur werden grundsätzlich durch den Bund getragen. Siehe Leistungs- und Finanzierungsvereinbarungen (LuFV), https://www.eba.bund.de/DE/Themen/Finanzierung/LuFV/lufv_node.html.

[27] Die DB Netz AG wird in Deutschland durch die Bundesnetzagentur reguliert, https://www.bundesnetzagentur.de/SharedDocs/Pressemitteilungen/DE/2022/20220815_DBNetz.html.

5.4   Zusammenfassende Beurteilung

In diesem Kapitel wurde aufgezeigt, dass zur Finanzierung des ÖPNV die Spitzenlastbepreisung ein geeignetes Mittel ist, um ein effizientes Marktergebnis zu
erzeugen. Sie kann dazu beitragen, dass bestehende Kapazitäten besser ausgelastet werden. Dadurch wird zum einen das Verkehrsaufkommen des Nahverkehrs
erhöht, zum anderen können die generierten Mehreinnahmen dafür verwendet werden, den staatlichen Mittelbedarf zu senken. Die Spitzenlastbepreisung für sich
genommen stellt jedoch kein Allheilmittel dar. In der Realität muss annähernd jeder
Verkehr mit Subventionen unterstützt werden, um der Bevölkerung in der Breite
eine erschwingliche Mobilität zu ermöglichen. Die Nichtwirtschaftlichkeit vieler
Strecken, z. B. in schwach besiedelten Gebieten, kann nur durch ein Eingreifen des
Staates aufgehoben werden. Aufgrund des oben diskutierten Mohring-Effekts können auch ökonomische Gründe für eine Subventionierung eigentlich unrentabler
Verkehre vorliegen.

Ein alternativer Preismechanismus ist die uniforme Preissetzung. Zwar zeichnen
sich diese in der Regel durch eine geringere Tarifkomplexität aus. Es bleibt jedoch
fraglich, ob ein vereinfachtes, uniformes Tarifsystem (im Extremfall ein kostenloser, vollständig steuerfinanzierter ÖPNV) die Vorteile der Spitzenlastbepreisung
in Kombination mit einem gezielten Ausschreibungswettbewerb im Hinblick auf
die effiziente Nutzung der Kapazität und den effizienten Beitrag zur Finanzierung
aussticht. Die Ausgestaltung eines uniformen Tarifssystems bringt zudem weitere
Probleme mit sich. Im Kontext des 9-EUR-Tickets bzw. seines Nachfolgers, dem
49-EUR-Ticket, hat sich gezeigt, dass die Bestimmung der optimalen Höhe des uniformen Tarifs eine herausfordernde Aufgabe ist. Hierzu gehört zum einen die Frage
der zeitlichen und regionalen Gültigkeit sowie die Festlegung der Preishöhe. Hierbei stehen neben umweltpolitischen Gesichtspunkten auch fiskalpolitische Überlegungen im Vordergrund. Weniger Berücksichtigung scheint jedoch der zusätzliche
Kapazitätsbedarf zu spielen, der aus der starken Preissenkung resultieren kann.
Empirische Untersuchungen zeigen übereinstimmend, dass die Bevölkerung durch
eine uniforme oder sogar kostenlose Tarifierung vermehrt den ÖPNV verwendet.
Ungewollte Verlagerungseffekte, wie umsteigende Fußgänger oder Fahrradfahrer,
könnten dabei das System zusätzlich überlasten.

Uniforme Tarifsysteme zeichen sich somit zwar durch ihre Einfachheit und
möglicherweise auch Effektivität in der Attrahierung von Nutzern aus. Die Frage
bezüglich der gesamtwirtschaftlichen Effizienz bleibt bisher jedoch unbeantwor-
tet. Langfristig erfordern Lösungen wie das 9- bzw. 49-EUR-Ticket eine deutliche
Ausweitung der Netzinfrastruktur und Fahrfrequenz des ÖPNV, um mit der ad hoc
steigenden Nachfrage Schritt zu halten. Zudem muss bei sehr niedrigen uniformen

Preisen bis hin zu einem FFPT davon ausgegangen werden, dass die Finanzierung zu großen Teilen aus Steuermitteln erfolgen muss. Die negativen Wohlfahrtseffekte hierbei wurden anhand des Extrembeispiels in Abb. 5.2 verdeutlicht. Für das geplante 49-EUR-Ticket rechnet das Finanzministerium mit jährlich mindestens 3 Mrd. EUR Mehraufwand, wobei die Kosten hälftig vom Bund und den Ländern getragen werden sollen.[28] Ungeklärt bleibt hierbei, wie diese Mittel in Zusammenhang mit der bereits durch den Bund geplanten Dynamisierung der Regionalisierungsmittel von 9,4 Mrd. EUR pro Jahr in Zusammenhang stehen.[29] Problematisch ist weiterhin, dass eine verursachungsgerechte Verteilung der Einnahmen aus dem 49-EUR-Ticket, bzw. der zusätzlich benötigten Subventionen, an die Verkehrsverbünde bzw. Verkehrsunternehmen schwierig ist.[30]

---

[28] https://www.bundesregierung.de/breg-de/aktuelles/deutschlandticket-2134074.

[29] Siehe zur Dynamisierung der Regionalisierungsmittel: https://www.bundesregierung.de/breg-de/bundesregierung/bundeskanzleramt/mehr-geld-fuer-den-oepnv-2143056.

[30] Siehe zum Problem der Einnahmenverteilung in einem Tagesschauartikel: https://www.tagesschau.de/inland/innenpolitik/49-euro-ticket-streit-um-details-101.html.

Staatliche Eingriffe durch Lenkungssteuern: Der Verkehrssektor 6

Im Frühjahr 2022 hat die deutsche Bundesregierung als Reaktion auf den stark gestiegenen Ölpreis beschlossen, die Energiesteuer für die Monate Juni bis August temporär zu senken. Dieser sogenannte Tankrabatt ist Teil eines zweiten Entlastungspaketes gewesen, das als Reaktion auf die Folgen der Corona-Pandemie und des russischen Angriffskriegs gegen die Ukraine die wirtschaftlichen Belastungen für die Konsumenten in Deutschland abmildern sollte.[1] Alleine diese vorübergehende Senkung der Energiesteuer führte zu Steuermindereinnahmen von geschätzt 3,15 Mrd. EUR.[2] Auch andere europäische Regierungen (z. B. in Frankreich oder Italien) senkten temporär die Steuern auf Kraftstoffe (Drolsbach et al., 2022).

In den meisten Ländern ist der staatliche Einfluss auf den motorisierten Individualverkehr geringer als im ÖPNV. Allerdings greift der Staat auch hier in den Markt ein, da es aufgrund von negativen externen Effekten zu Fehlallokationen kommen kann. Wie in Kap. 2 erläutert, entstehen negative externe Effekte, wenn die Produktion eines Gutes der Gesellschaft externe Kosten (z. B. Umweltbelastung und Gesundheitsschädigung durch Autoabgase) verursacht, die der Verursacher nicht alleine trägt. Beispielsweise entstehen bei der Nutzung von Verbrennerautos Abgase wie Kohlenstoffdioxid (CO_2), die zur Beschleunigung des Klimawandels beitragen, oder Stickoxide und Feinstaub, die mit Atemwegserkrankungen in Verbindung gebracht werden.[3] Der Staat kann in diesem Fall eine sogenannte Pigou-Steuer erheben, die eine spezielle Lenkungssteuer darstellt und den negativen externen Effekt

---

[1] S. https://www.bundesfinanzministerium.de/Content/DE/Pressemitteilungen/Finanzpolitik/2022/04/2022-04-27-zweites-entlastungspaket.html

[2] S. https://www.bundestag.de/dokumente/textarchiv/2022/kw20-de-energiesteuersenkungsgesetz-894664.

[3] S. https://www.aerzteblatt.de/archiv/195373/Feinstaub-und-Stickoxide-Gefaehrdung-nicht-unterschaetzen.

M. M. Gail et al., *Staatliche Eingriffe in die Preisbildung*, essentials, https://doi.org/10.1007/978-3-658-40674-5_6

internalisiert, also die Produzenten zur Berücksichtigung der entstehenden externen Kosten zwingt, indem sie die *Produktionskosten* entsprechend erhöht (Pigou,
2017).[4] In der EU soll bspw. die Energiesteuer den Verbrauch fossiler Rohstoffe
verteuern, um die Nutzung dieser Energieträger zu reduzieren und gleichzeitig den
Umstieg auf erneuerbare Energieträger zu fördern.[5]

In diesem Kontext wird die Einführung des Tankrabatts von manchen Autoren
als kritisch betrachtet, da hierdurch die Kosten der Nutzung fossiler Energieträger (zumindest temporär) gesenkt wurden. In der Zeit zwischen Juni und August
2022 wurde durch die Einführung des Tankrabatts die zu zahlende Energiesteuer in
Deutschland für Benzin um 35,2 Cent/L und für Diesel um 16,7 Cent/L (inkl. der
impliziten Mehrwertsteuersenkung) gesenkt. Da das vorrangige Ziel der Bundesregierung die finanzielle Entlastung der Konsumenten war, herrscht an dieser Stelle
möglicherweise ein Zielkonflikt zwischen dieser Entlastung und klimapolitischen
Maßnahmen (Fuest et al., 2022). Dennoch ist dieser staatliche Eingriff eine geeignete
Möglichkeit, um die Auswirkungen von Pigou-Steuern zu untersuchen. Inwiefern
eine Lenkungssteuer zu den gewünschten Verhaltensanpassungen bei den Konsumenten führen kann, hängt entscheidend davon ab, ob und in welchem Umfang die
Unternehmen (z. B. die Mineralölkonzerne) die Steueränderungen in Form verän-
derter Konsumentenpreise weitergeben und welche Substitutionsmöglichkeiten die
Konsumenten besitzen.

In diesem Abschnitt sollen die volkswirtschaftlichen Auswirkungen von Pigou-
Steuern erläutert werden, wobei vor dem Hintergrund des Tankrabatts ein Fokus auf
der Weitergabe von Lenkungssteuern liegt. Dazu werden zunächst die staatlichen
Ziele eines solchen Markteingriffes dargestellt (Abschn. 6.1). In Abschn. 6.2 werden
kurz der deutsche Tankstellensektor charakterisiert und anschließend die Theorie
und Evidenz zur Weitergabe von Lenkungssteuern vorgestellt, wobei ein Hauptaugenmerk auf dem motorisierten Individualverkehr liegt. In diesem Abschnitt wird
zudem das Substitutionsverhalten von Konsumenten bei staatlichen Preiseingriffen
im Verkehrssektor thematisiert, sodass hier auch der intermodale Wettbewerb eine
wichtige Rolle spielt. Abschließend werden in Abschn. 6.3 mögliche Alternativen
zu einer Pigou-Steuer diskutiert.

---

[4] CO_2-Emissionen können durch eine Pigou-Steuer auf Kraftstoff optimal internalisiert werden, da sie in einem unmittelbaren Zusammenhang zum Kraftstoffverbrauch stehen. Dies gilt
nicht in gleicher Weise für weitere externe Kosten des motorisierten Individualverkehrs wie
z. B. Stickoxide, Feinstaubpartikel oder Lärmkosten, da sie nicht nur in Abhängigkeit der
verbrauchten Treibstoffmenge anfallen, sondern ihr Ausmaß mit Faktoren wie Fahrstrecke,
Ort, Zeit, Fahrstil und Wetter variieren kann. (Parry & Small, 2005; Santos et al., 2010).

[5] An dieser Stelle sei zu betonen, dass der Staat auch bei Pigou-Steuern ein fiskalisches Ziel
verfolgt.

6.1   Ziele

In der Theorie implementiert ein Staat Lenkungssteuern, um Fehlallokationen zu beheben, indem Wirtschaftssubjekte mit den „wahren" volkswirtschaftlichen Kosten ihrer einzelwirtschaftlichen Entscheidung konfrontiert werden. Diese Fehlallokationen existieren insbesondere dann in einem Markt, wenn dort negative externe Effekte vorhanden sind. Staatliche Maßnahmen können in diesem Fall erforderlich sein, weil aufgrund von Transaktionskosten und ungeklärten Eigentumsrechten eine privatwirtschaftliche Lösung nicht möglich ist (s. Varian, 2016, Kap. 35). So sollen beispielsweise Tabak- und Alkoholsteuern den Verbrauch gesundheitsschädlicher demeritorischer Güter einschränken oder Umweltsteuern (z. B. die Energiesteuer in Deutschland) den Preis für die Inanspruchnahme natürlicher Ressourcen, die sich in öffentlichem Eigentum befinden, widerspiegeln (Scherf, 2011).

Existieren in einem Markt Unvollkommenheiten aufgrund negativer externer Effekte, kann der Staat durch die Erhebung einer Lenkungssteuer einen Wohlfahrtsgewinn herbeiführen. Dennoch führt die Erhebung einer solchen Steuer zu einer Belastung für die beteiligten Konsumenten und Produzenten. Die Verteilung der Steuerlast hängt dabei insbesondere von den Angebots- und Nachfrageelastizitäten ab (Edgeworth, 1897). Darüber hinaus können aber auch die horizontale und vertikale Marktstruktur einen Einfluss auf die effektive Inzidenz einer Lenkungssteuer haben (Weyl & Fabinger, 2013; Fuest et al., 2020).

Bezogen auf die Ziele staatlicher Preiseingriffe im motorisierten Individualverkehr spielen insbesondere klimapolitische Aspekte eine große Rolle. Bei der Verbrennung fossiler Energieträger entstehen Treibhausgase, die den Klimawandel beschleunigen. Um vor dem Hintergrund der Pariser Klimaziele eine klimaneutrale Wirtschaft zu erreichen, ist es auch für den Verkehrssektor zentral, den Ausstoß dieser Gase zu reduzieren bzw. auf Null zu senken.[6] Aus gesamtgesellschaftlicher Sicht kann daher u. a. die Implementierung einer Pigou-Steuer (z. B. CO_2-Steuer) zu Wohlfahrtsgewinnen führen (Pigou, 2017). Gleichwohl ist zu betonen, dass unilaterale klimapolitische Maßnahmen wie bspw. eine nationale CO_2-Steuer aufgrund von *Rebound Effekten* nicht zu eindeutigen Effekten auf den weltweiten CO_2-Ausstoß führen. So kann eine EU-weite CO_2-Steuer u. a. zu einer sinkenden Nachfrage nach Kraftstoffen führen, sodass der Weltmarktpreis nach Rohöl zunächst sinken würde. Dies könnte wiederum zu einer erhöhten Nachfrage nach fossilen Brennstoffen in Ländern ohne eine solche Steuer führen, sodass die Auswirkungen auf den welt-

---

[6] S.   Klimaabkommen   von   Paris,   https://www.bmuv.de/fileadmin/Daten_BMU/ Download_PDF/Klimaschutz/paris_abkommen_bf.pdf.

weiten Netto-Ausstoß von CO_2 letztlich von der jeweiligen Angebots- und Nach-
fragesituation abhängig sind (Brockway et al., 2021).

6.2   Beurteilung

Der deutsche Tankstellensektor

Der deutsche Tankstellenmarkt ist durch ein Oligopol mit fünf Unternehmen charakterisiert. Shell, BP/Aral, Esso, Total und Jet verfügen über ein landesweites Netz-
werk an Tankstellen und einen gemeinsamen Marktanteil von ca. 66 %. Daneben
existieren mit den *Freien Tankstellen* noch unabhängige Wettbewerber, die auf regio-
naler Ebene operieren. Im Jahr 2019 gab es in Deutschland 14.449 Tankstellen mit
einem Gesamtumsatz von 14,7 Mrd. EUR.[7]

In diesem Markt verarbeiten auf der vorgelagerten Großhandelsebene die Erd-
ölraffinerien Rohöl zu vielen verschiedenen Mineralölprodukten, die anschließend
an die Tankstellen verkauft werden. Im Jahr 2022 existieren in Deutschland 16
Raffinerien, die als Vorprodukte neben Rohöl auch andere Öle und Flüssigkeiten
verwenden, um die Endprodukte Benzin und Diesel zu produzieren. Auch wenn
der Rohölpreis einen hohen Anteil an den Kraftstoffpreisen für Konsumenten hat
und hauptsächlich für deren Preisfluktuationen verantwortlich ist, machen Steuern immer noch den Hauptanteil aus. In Deutschland werden neben Energiesteuer
und Mehrwertsteuer auch noch eine CO_2-Steuer und eine Kraftstofflagergebühr auf
Benzin und Diesel erhoben.

Der Kraftstoffmarkt ist zudem ein wichtiges Thema in der wirtschaftspolitischen
Debatte und in der ökonomischen Literatur. Kraftstoffpreise folgen in der Regel
sehr spezifischen, zyklischen Preismustern, sogenannten *Edgeworth Preiszyklen*
(M. D. Noel et al., 2011). Zudem gibt es empirische Evidenz darüber, dass es in
diesem Markt immer wieder zu (stillschweigender) Kollusion kommt (Byrne &
De Roos, 2019; Foros & Steen, 2013). Letztlich wurde für den Tankstellensektor
festgestellt, dass Kostenerhöhungen (bspw. durch einen gestiegenen Rohölpreis oder
höhere Steuern) stärker weitergegeben werden als Kostenreduktionen, sodass hier
eine asymmetrische Überwälzung auf Konsumentenpreise existiert *(rockets and
feathers)* (Grasso & Manera, 2007; M. Noel, 2009; M. D. Noel, 2015).

---

[7] S. https://www.bft.de/aktuelles/presse/bft-veroeffentlicht-branchenstudie-20192020.

Analyse zur Überwälzung von Lenkungssteuern

Eine Problematik bei staatlichen Preiseingriffen in Form von Lenkungssteuern sind sogenannte Überwälzungsvorgänge, wodurch der endgültige Effekt einer solchen Steuer aus staatlicher Sicht schwer vorherzusehen ist. Unternehmen als Steuerpflichtige geben dabei je nach Art des Gutes und der Wettbewerbsform einen Teil der Steuerlast an die Verbraucher weiter. Beispielsweise sind die Mineralölkonzerne bei der Energiesteuer in Deutschland die Steuerschuldner, geben einen Teil der Steuerlast aber in Form von höheren Kraftstoffpreisen an die Konsumenten weiter. Im Allgemeinen hängt die Höhe der Überwälzung einer Steuer (*pass-through* Rate) sowohl vom Verhalten der Konsumenten als auch von der jeweiligen Wettbewerbssituation ab.

Zur Illustration der Weitergabe von Lenkungssteuern wird im Folgenden ein Modell verwendet, das den Einfluss der Wettbewerbssituation in einem Markt auf die Überwälzung einer Steuer zeigt (vgl. Weyl & Fabinger, 2013). Dazu definieren wir zunächst p als Preis, den die Konsumenten bezahlen und $p - t$ als Preis, den die Anbieter eines Produktes erhalten, wobei t die Höhe des Mengensteuersatzes angibt. Die *pass-through* Rate ist demnach als $\rho = dp/dt$ gegeben und zeigt die Erhöhung des Konsumentenpreises infolge einer Erhöhung des Steuersatzes t an.

In einem solchen Modellrahmen kann gezeigt werden, dass die *pass-through* Rate in der vollkommenen Konkurrenz durch das Verhältnis aus Nachfrage- und Angebotselastizitäten bestimmt ist. Demnach ist die *pass-through* Rate ρ umso kleiner, je elastischer die Nachfrageseite im Vergleich zur Angebotsseite reagiert.

Analog können wir auch die *pass-through* Rate für die Einführung einer Lenkungssteuer im Monopol bestimmen. Auch hier kann gezeigt werden, dass ρ qualitativ insbesondere von dem Verhältnis aus Nachfrage- und Angebotselastizität abhängt.[8] So fällt die pass-through Rate für den Spezialfall konstanter Grenzkosten und einer linearen Nachfrage im Monopol mit $\rho = 0{,}5$ geringer aus als in der vollkommenen Konkurrenz ($\rho = 1$, vollständige Weitergabe der Steuer an die Konsumenten in diesem Fall). Bei einer sogenannten isoelastischen Nachfragefunktion ist die Weitergabe in der Regel sogar größer als 1 und damit auch größer als bei vollkommener Konkurrenz.

Letztlich können wir in diesem Modellrahmen auch die *pass-through* Rate für oligopolistische Märkte, wie bspw. den deutschen Tankstellenmarkt, bestimmen. Hierzu haben Weyl und Fabinger (2013) einen sogenannten Wettbewerbsparame-

---

[8] Da der Monopolist in Abhängigkeit von Nachfrage und seinen Kosten den Preis bestimmt, existiert in diesem Fall, genauso wie unten im Oligopol, keine Angebotskurve und entsprechend auch keine Angebotselastizität im Sinne der vollkommenen Konkurrenz. Als Angebotselastizität wird hier die Elastizität der Inversen der Grenzkostenkurve bezeichnet. (S. Weyl und Fabinger 2013).

ter θ eingeführt, der die Wettbewerbintensität zwischen Unternehmen eines Marktes angibt. Beispielsweise ist θ gleich 1 im Monopol, gleich 0 bei vollkommener Konkurrenz und im Bertrand Preiswettbewerb sowie gleich $1/n$ im Cournot Mengenwettbewerb, also abnehmend in der Zahl der im Markt aktiven Unternehmen n. Hierbei kann gezeigt werden, dass die *pass-through Rate* in oligopolistischen Märkten neben Nachfrage- und Angebotselastizitäten auch von der Wettbewerbsintensität auf horizontaler Marktebene abhängig ist. Allerdings ist der Effekt der Wettbewerbsintensität auf die *pass-through Rate* in einem Oligopol nicht eindeutig. Eine Erhöhung des Parameters θ, also eine Abnahme der Wettbewerbsintensität, kann ρ je nach Marktsituation erhöhen oder senken. Im Allgemeinen gilt demnach, dass der Einfluss der Wettbewerbsintensität in einem oligopolistischen Markt auf die *pass-through* Rate ein empirisches Problem ist (Genakos & Pagliero, 2022).

Empirische Evidenz zum Pass-Through

In der Theorie hängt die *pass-through* Rate einer Steuer also sowohl von dem Verhalten der Konsumenten als auch von der Wettbewerbssituation in einem Markt ab. Bereits in der Theorie ist der Einfluss der Wettbewerbsintensität auf die Weitergabe einer Steuer in einem Markt nicht eindeutig. Ferner gibt es zu diesem Bereich empirische Studien, deren Ergebnisse ebenfalls auf sehr heterogene Effekte hindeuten.

Einige dieser empirischen Arbeiten haben sich mit der Weitergabe von Steuern und Abgaben im Kraftstoffmarkt beschäftigt. Während ein Teil dieser Studien impliziert, dass Steueranpassungen fast immer vollständig an die Konsumenten weitergegeben werden (Bello & Contin-Pilart, 2012; Li et al., 2014; Marion & Muehlegger, 2011), deuten andere empirische Erkenntnisse auf sehr heterogene Effekte hin. Beispielsweise untersuchen Doyle Jr und Samphantharak (2008) eine zeitlich befristete Benzinsteuersenkung in Teilen der USA aus dem Jahr 2000 und kommen zu dem Ergebnis, dass von der Steuersenkung anteilig weniger an die Konsumenten weitergegeben wurde als bei der Rückkehr zum ursprünglichen Steuersatz wieder aufgeschlagen wurde. Kaufmann (2019) analysiert die Weitergabe von Umweltsteuern auf Benzinpreise in sechs 181: ermitteln US-Bundesstaaten und findet sehr große geographische Unterschiede. Den Zusammenhang zwischen der Wettbewerbsintensität und der *pass-through* Rate im Tankstellensektor untersuchen Genakos und Pagliero (2022). Die Autoren (ebd.) ermitteln *pass-through* Raten zwischen 0,4 (Monopol) und 1 (Oligopol mit mindestens vier Anbietern) auf kleinen griechischen Inseln. Sie finden zudem eine schnellere Preisanpassung in kompetitiven Märkten.

Die zeitlich befristete Senkung der Energiesteuer in Deutschland für die Monate Juni bis August 2022 ist aus wissenschaftlicher Sicht ebenfalls ein geeigneter exogener Schock, um die Weitergabe einer Steuer auf dem Tankstellenmarkt zu untersuchen.

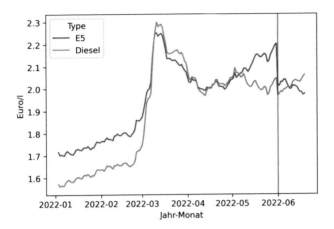

Abb. 6.1 Entwicklung Preise für E5 (*blau*) und Diesel (*gelb*)

Infolge der Konjunkturentwicklung nach und vor allem durch die Covid-19 Pandemie und durch den Krieg in der Ukraine kam es im Verlauf des Jahres 2022 zu einem relativ starken Anstieg der Benzin- und Dieselpreise in Deutschland, wie Abb. 6.1 zeigt. Eine Sektoruntersuchung des BKartA zu Raffinerien und dem Kraftstoffgroßhandel aus dem Jahr 2022 argumentiert in diesem Zusammenhang, dass sich diese Entwicklung nicht allein auf Kostensteigerungen zurückführen lässt.[9] Auch wegen dieses Anstiegs der Kraftstoffpreise entschied sich die deutsche Bundesregierung im Frühjahr 2022 dazu, die Energiesteuer ab dem 1. Juni temporär zu senken (s. die vertikale Linie in Abb. 6.1).

Zum Einfluss dieser temporären Energiesteuersenkung auf die Kraftstoffpreise existieren bereits erste empirische Studien. Fuest et al. (2022) finden in einer räumlich-zeitlichen Vergleichsanalyse zwischen Deutschland und Frankreich, dass die temporäre Senkung der Energiesteuer in Deutschland für Diesel vollständig und für Benzin zu 85 % weitergegeben wurde. Drolsbach et al. (2022) identifizieren in einer methodisch ähnlichen Analyse mit mehreren Vergleichsländern eine ähnlich hohe *pass-through* Rate für Benzin, aber mit 50–66 % (je nach Spezifikation) eine deutlich geringere Überwälzung für den Preis von Diesel. Dovern et al. (2022) nutzen eine Methode, bei der die Kontrollgruppe aus den Daten heraus generiert wird

---

[9] S. https://www.bundeskartellamt.de/SharedDocs/Publikation/DE/Sektoruntersuchungen/ Sektoruntersuchung_Raffinerien_Zwischenbericht.pdf?__blob=publicationFile&v=4.

und finden ebenfalls hohe *Pass-through* Raten, die im Verlauf des Augusts 2022 allerdings kontinuierlich abnehmen.

Neben dem Tankstellenmarkt wurde die Überwälzung von Verbrauchsteuern auch für andere Sektoren untersucht. Fuest et al. (2021) analysieren den Effekt der befristeten Umsatzsteuersenkung in Deutschland aus dem Jahr 2020 auf Supermarktprodukte und finden asymmetrische *pass-through* Raten. Während die Senkung der Umsatzsteuer von 19 auf 16 % zu ungefähr 70 % weitergegeben wurde, lag die *pass-through* Rate der anschließenden Rückkehr zum normalen Umsatzsteuersatz nur bei 35 %. Die Autoren (ebd.) zeigen zudem, dass nicht nur die horizontale, sondern auch die vertikale Marktstruktur Auswirkungen auf die *pass-through* Rate von Verbrauchsteuern haben können. Ähnliche Studien, in denen die Höhe der Überwälzung einer Steuer geschätzt wird, existieren für Alkohol (Hindriks & Serse, 2019), Zigaretten (Harding et al., 2012) oder auch Friseurdienstleistungen (Benzarti et al., 2020).

Sustitutionsverhalten der Konsumenten

Neben den beschriebenen Überwälzungsvorgängen hängt die Lenkungswirkung einer Steuer entscheidend von der Reaktion der Konsumenten auf diesen staatlichen Preiseingriff ab. Insbesondere ist es hierbei entscheidend, inwieweit die Konsumenten durch die Preisänderung ihre Mengenentscheidung verändern (Substitutionsverhalten). Führt der Staat bspw. eine CO_2-Steuer ein, erhöht sich je nach Ausmaß der Überwälzungsvorgänge (s. die vorherigen beiden Abschnitte) auch der Konsumentenpreis von Benzin und Diesel. Inwieweit dieser Eingriff aber tatsächlich zu einer Reduktion von CO_2-Emissionen führt, hängt dann insbesondere vom Substitutionsverhalten der Konsumenten ab. Nur wenn die Nachfrage hinreichend elastisch ist, werden die Konsumenten die Verwendung von Verbrennerautos reduzieren und bspw. auf alternative Verkehrsmittel umsteigen.

Auf der mikroökonomischen Ebene existieren einige empirische Studien, die das Substitutionsverhalten von Konsumenten im Verkehrssektor untersucht haben. Die dortigen Ergebnisse deuten darauf hin, dass die Konsumenten im motorisierten Individualverkehr nur sehr träge auf Preisveränderungen reagieren. Beispielsweise untersuchen Brons et al. (2008) in einer Metaanalyse die Preiselastizität der Nachfrage nach Kraftstoffen für Automobile und finden ausschließlich Werte im unelastischen Bereich. Andere Autoren haben den Zusammenhang zwischen dem ÖPNV und dem motorisierten Individualverkehr empirisch untersucht, indem sie Kreuzpreiselastizitäten geschätzt haben. Diese geben an, um wie viel Prozent die Nachfrage nach dem ÖPNV ansteigt, wenn der Preis von Kraftstoffen um 1 % ansteigt (bzw. *vice versa*). Die Resultate implizieren dabei recht eindeutig, dass der ÖPNV nur ein sehr schwaches Substitut für den motorisierten Individualverkehr darstellt

(Acutt & Dodgson, 1995; Litman, 2004). Letztlich wurden für den Verkehrssektor auch Einkommenselastizitäten geschätzt, die bspw. messen, um wieviel Prozent die Nachfrage nach dem ÖPNV ansteigt, wenn das durchschnittliche Einkommen der Konsumenten um 1 % ansteigt. Teilweise deuten die empirischen Ergebnisse darauf hin, dass es sich beim ÖPNV um ein inferiores Gut handelt, dass also die Nachfrage mit steigendem Einkommen sinkt (Holmgren, 2007).

In diesen Zusammenhang passen auch die Ergebnisse von ersten empirischen Studien auf makroökonomischer Ebene, die den Effekt der Einführung einer CO_2-Steuer auf den CO_2-Ausstoß eines Landes untersucht haben. Lin und Li (2011) analysieren die Auswirkungen der Einführung von CO_2-Steuern in fünf europäischen Ländern (Dänemark, Finnland, Niederlande, Norwegen und Schweden) und finden nur für Finnland eine signifikante Reduktion der CO_2-Emissionen pro Kopf. Die Autoren (ebd.) führen dieses Ergebnis darauf zurück, dass in Finnland, im Gegensatz zu den restlichen vier Ländern, nur wenige Sektoren von der Steuer ausgenommen sind. Unterstützt wird diese Interpretation von den Resultaten in Bruvoll und Larsen (2004), die ausschließlich den Effekt der CO_2-Steuereinführung für Norwegen untersucht haben und ebenfalls keinen signifikanten Effekt finden. In Norwegen sind gerade die besonders energieintensiven Sektoren teilweise von der Steuer ausgenommen gewesen.

6.3 Alternativen

In den vorherigen Kapiteln haben wir am Beispiel des Verkehrssektors dargestellt, inwieweit Lenkungssteuern wie die Energie- oder CO_2-Steuer dazu genutzt werden, um durch einen solchen Preiseingriff das Verhalten von Konsumenten zu beeinflussen. Ähnlich wie eine Steuer wirkt die Erhebung einer Gebühr, wie z. B. die Einführung einer entfernungs- und tageszeitabhängigen Straßenmaut, mit dem Ziel einer Senkung der Nutzung konventioneller Kraftfahrzeuge im Bereich des motorisierten Individualverkehr (Sieg, 2022). Alternativen zur Festlegung eines expliziten Preises sind aber auch ein Emissionszertifikatehandel und ordnungsrechtliche Maßnahmen *(command-and-control policies)*, auf die im Folgenden näher eingegangen werden soll.

Emissionszertifikatehandel

Neben einer Pigou-Steuer ist die Einführung eines Emissionszertifikatehandels eine weitere marktbasierte Lösung, um negative Externalitäten zu internalisieren. Im Allgemeinen wird hierunter ein Marktsystem verstanden, bei dem Emittenten eine begrenzte Menge an Lizenzen zum Ausstoß von Schadstoffen (z. B. CO_2) kaufen und verkaufen können. Hierbei wird zwischen einem *Cap-and-Trade* und einem *Baseline-and-Credits* Mechanismus unterschieden. Beim *Cap-and-Trade* wird eine Obergrenze für die angebotene Menge an Lizenzen festgelegt und die Lizenzen anschließend versteigert, wodurch sich der Lizenzpreis ergibt. Unter einem *Baseline-and-Credits*-Mechanismus wird grundsätzlich das Festsetzen einer Emissionsgrenze für jedes individuelle Unternehmen verstanden. Übersteigen die Emissionen eines Unternehmens die festgelegte Grenze, muss dieses einen Kredit aufnehmen. Unternehmen, die diese Grenze nicht erreichen, erhalten Kredite, welche sie wiederum an andere Unternehmen verkaufen können.

Bei der Debatte zwischen einer CO_2-Steuer vs. einem Emissionshandelssystem geht es demnach darum, ob entweder ein expliziter Preis für CO_2-Emissionen festgelegt wird, der dann die Menge der CO_2-Reduktion bestimmt (Pigou-Steuer), oder ob die Menge der CO_2-Reduktion *ex-ante* festgelegt wird, die dann den Marktpreis für CO_2 bestimmt (Zertifikatehandel). Generell hängt die Wirkungsweise dieser beiden Instrumente von der jeweiligen Marktsituation ab (Timilsina, 2021). Weitzman (1974) hat gezeigt, dass bei Unsicherheit über Kosten und Nutzen die Entscheidung zwischen diesen beiden Instrumenten entscheidend vom Verhältnis des marginalen Nutzens der CO_2-Reduzierung gegenüber den marginalen Kosten der CO_2-Vermeidung abhängig ist. Auch dynamische Faktoren wie z. B. die Diskontrate können in diesem Zusammenhang eine Rolle spielen (Hoel & Karp, 2002; Newell & Pizer, 2003). Letztlich sind auch praktische Aspekte wie administrative oder rechtliche Kosten zu berücksichtigen (Timilsina, 2018).

Der EU-Emissionshandel ist ein Beispiel für den *Cap-and-Trade*-Mechanismus, bei dem Zertifikate für CO_2-Emissionen gehandelt werden.[10] Während dieses Handelssystem anfangs nur auf Sektoren der Energieerzeugung und -umwandlung sowie energieintensive Industrien begrenzt war, sollen in Zukunft auch weitere Sektoren (z. B. See- und Straßenverkehr und der Gebäudesektor) einbezogen werden. Darüber hinaus wird die maximal angebotene Menge an Zertifikaten jährlich um einen bestimmten Faktor verringert, um das Ziel der Klimaneutralität innerhalb der EU bis 2050 erreichen zu können.[11]

Zum EU-Emissionshandel existieren empirische Studien, die die Auswirkungen dieses Systems auf den CO_2-Ausstoß und auf die Entwicklung umweltfreundlicher Patente untersucht haben. Anderson und Di Maria (2011) zeigen mithilfe einer Paneldatenanalyse, dass es in der Phase I des EU-Emissionshandels (2005–2007) einen hohen Rückgang der CO_2-Emissionen gegeben hat. Calel und Dechezleprêtre

---

[10] S. dazu Richtlinie 2003/87/EG des Europäischen Parlaments und des Rates Europäische Kommission (2003).

[11] S. https://eur-lex.europa.eu/legal-content/DE/TXT/?uri=CELEX%3A52021DC0550.

(2016) untersuchen mithilfe von Patentdaten den Zusammenhang zwischen dem
EU-Emissionshandel und der Innovationstätigkeit von Unternehmen innerhalb der
EU. Die Autoren (ebd.) zeigen, dass die Einführung des Zertifikatehandels zu einer
Zunahme an umweltfreundlichen (grünen) Patenten in Höhe von 9,1 % bei den
Unternehmen geführt hat, die am Zertifikatehandel teilnehmen. Da diese Unterneh-
men insbesondere zu Beginn des Emissionshandels aber nur einen gewissen Anteil
der Innovationsleistung innerhalb der EU ausgemacht haben, führte das System
insgesamt nur zu einem Anstieg von weniger als 1 % bei grünen Patenten.

Command-and-control
Eine weitere Alternative zu den bislang diskutierten marktbasierten Alternativen
sind direkte Regulierungen durch den Staat *(command-and-control policies)*. Hierbei schränkt der Staat das Produktionsniveau von Unternehmen direkt ein oder
schreibt den Einsatz bestimmter, umweltfreundlicher Technologien vor, um negative Externalitäten zu internalisieren. Auf EU-Ebene sind die Bestimmungen über
die Emissionsgrenzwerte für Fahrzeuge[12] oder das geplante Verbot für die Zulas-
sung neuer Verbrennerautos ab 2035[13] Beispiele für eine solche direkte Regulierung.
Allerdings führt diese Art der Regulierung oftmals nicht zu einer effizienten Internalisierung negativer externer Effekte, da hierbei für die Unternehmen kaum Anreize
entstehen, nach kosteneffizienteren Möglichkeiten zu forschen, die die Umweltverschmutzung eindämmen könnten (Acemoglu et al., 2021, S. 254).

6.4   Vorläufiges Fazit

Die Ausführungen in diesem Kapitel haben verdeutlicht, dass die Auswirkungen
von staatlichen Eingriffen durch Lenkungssteuern wie bspw. eine CO_2-Steuer in
einem Markt entscheidend von der Weitergabe der Steuer durch die jeweiligen
steuerpflichtigen Unternehmen abhängen. Die Höhe dieser Weitergabe und demnach
die Verteilung der Steuerlast wird dabei nicht nur vom Verhalten der Anbieter und
Nachfrager, sondern auch von der Wettbewerbsintensität in einem Markt beeinflusst.
Diverse wissenschaftliche Studien haben gezeigt, dass der Zusammenhang zwischen
der Wettbewerbssituation eines Marktes und der Weitergabe einer Lenkungssteuer
weder in der Theorie noch empirisch eindeutig ist. Auch erste Studien zu dem im Jahr

---

[12] S. https://eur-lex.europa.eu/legal-content/DE/TXT/?uri=CELEX:32007R0715.

[13] S. https://www.europarl.europa.eu/news/en/headlines/economy/20221019STO44572/eu-
ban-on-sale-of-new-petrol-and-diesel-cars-from-2035-explained.

2022 in Deutschland und anderen europäischen Ländern eingeführten Tankrabatt
deuten auf relativ heterogene Effekte hin.

Im Hinblick auf die Einschätzung verschiedener Instrumente zur Verhaltens-
steuerung ist festzuhalten: Bei einem preisbasierten Instrument wie einer Pigou-
Steuer ist die Mengenwirkung, d. h. die zu erwartende Emissionsminderung, mit
Unsicherheiten behaftet. Wie gezeigt, wird dieses Problem durch die Frage nach dem
Grad der Überwälzung verstärkt. Bei einem mengenbasierten Instrument wie dem
Emissionszertifikatehandel ist, bei entsprechender Durchsetzung, die Mengenwir-
kung hingegen eindeutig. Allerdings bestehen hier große Unsicherheiten hinsicht-
lich des zu erwartenden Preiseffektes mit möglicherweise negativen Einflüssen auf
Investitionsanreize sowie gegebenenfalls mit unerwünschten Verteilungseffekten.
Beide marktbasierten Lösungen zeichnen sich allerdings durch ihre Transparenz
und durch Kosteneffizienz aus, Eigenschaften, die *Command-and-control-Policies*
üblicherweise nicht für sich in Anspruch nehmen können.[14]

---

[14] Ein interessantes Beispiel für wirksame und effiziente Gebote und Verbote liefern Jacobsen
et al. (2022) am Beispiel der Luftverschmutzungsstandards im Bereich Kohlenmonoxid und
Stickoxide für PKW.

Schlussfolgerung 7

Wir haben theoretische Überlegungen angestellt, wie man bestimmte wirtschafts-politische Probleme lösen könnte und welche Art von Eingriffen, wiewohl politisch beliebt, wenig erfolgversprechend ist. Bei derartigen Analysen ist einzuräumen, dass bei der konkreten Umsetzung der Teufel häufig im Detail liegt und die Umset-zung an Informationsproblemen und mangelnder digitaler Infrastruktur scheitern kann. Diese Beschränkungen sind zu berücksichtigen. Unsere Ausführungen haben aber auch gezeigt, dass man die Probleme an der Wurzel packen muss, indem man Knappheiten z. B. durch Ausweitung des Angebots abmildert. Eingriffe in Preise sind aus Sicht der Politik häufig ein einfacherer Weg. Wir haben verdeutlicht, dass dies, wenn überhaupt, nur kurzfristig zu einer Linderung der Probleme beitragen kann. Häufig verschlimmbessert sich die Lage. Als Fazit bleibt: Es führt kein Weg daran vorbei, Probleme direkt zu adressieren. Knappheiten und die damit einherge-henden Anreize kann man nicht per Gesetz „verbieten".

M. M. Gail et al., *Staatliche Eingriffe in die Preisbildung*, essentials, https://doi.org/10.1007/978-3-658-40674-5_7

Was Sie aus diesem *essential* mitnehmen können

- Ein Verständnis für die fundamentale Bedeutung ökonomischer Knappheiten und den damit verbundenen Anreizen
- Ein Verständnis der Wirkungen staatlicher Eingriffe in die Preisbildung in einem marktwirtschaftlichen System sowie ihrer Möglichkeiten und Grenzen
- Eine empirisch unterlegte Vorstellung davon, welche staatliche Maßnahmen bei Problemen auf Märkten geeignet sind, Problemursachen zu adressieren und welche nur eine kurzfristige Linderung von Symptomen erwarten lassen.

Literatur

Acemoglu, D., Laibson, D., & List, J. (2021). *Economics* (3. Aufl.). Pearson.

Acutt, M., & Dodgson, J. (1995). Cross-elasticities of demand for travel. *Transport Policy, 2*(4), 271–277. https://doi.org/10.1016/0967-070X(95)00020-Q.

Anciaes, P., Metcalfe, P., Heywood, C., & Sheldon, R. (2019). The impact of fare complexity on rail demand. *Transportation Research Part A: Policy and Practice, 120*, 224–238.

Anderson, B., & Di Maria, C. (2011). Abatement and Allocation in the Pilot Phase of the EU ETS. *Environmental and Resource Economics, 48*(1), 83–103.

Ariely, D. (2000). Controlling the information flow: Effects on consumers' decision making and preferences. *Journal of Consumer Research, 27*(2), 233–248.

Armstrong, M., & Sappington, D. E. (2007). Recent developments in the theory of regulation. *Handbook of Industrial Organization, 3*, 1557–1700.

Arnott, R. (1995). Time for revisionism on rent control? *Journal of Economic Perspectives, 9*(3), 99–120.

Arnott, R., & Kraus, M. (1993). The Ramsey problem for congestible facilities. *Journal of Public Economics, 50*(3), 371–396.

Auriol, E., Crampes, C., & Estache, A. (2021). *Regulating public services: Bridging the gap between theory and practice.* Cambridge University Press.

Autor, D. H., Palmer, C. J., & Pathak, P. A. (2014). Housing market spillovers: Evidence from the end of rent control in Cambridge, Massachusetts. *Journal of Political Economy, 122*(3), 661–717.

Ballard, C. L., & Fullerton, D. (1992). Distortionary taxes and the provision of public goods. *Journal of Economic Perspectives, 6*(3), 117–131.

Basso, L. J., & Jara-Diaz, S. R. (2010). The case for subsidisation of urban public transport and the Mohring effect. *Journal of Transport Economics and Policy (JTEP), 44*(3), 365–372.

Basso, L. J., & Silva, H. E. (2014). Efficiency and substitutability of transit subsidies and other urban transport policies. *American Economic Journal: Economic Policy, 6*(4), 1–33.

Batley, R., & Dekker, T. (2019). The intuition behind income effects of price changes in discrete choice models, and a simple method for measuring the compensating variation. *Environmental and Resource Economics, 74*(1), 337–366.

Baumol, W. J., & Bradford, D. F. (1970). Optimal departures from marginal cost pricing. *The American Economic Review, 60*(3), 265–283.

Bello, A., & Contin-Pilart, I. (2012). Taxes, cost and demand shifters as determinants in the regional gasoline price formation process: Evidence from Spain. *Energy Policy, 48*, 439–448.

Benzarti, Y., Carloni, D., Harju, J., & Kosonen, T. (2020). What goes up may not come down: Asymmetric incidence of value-added taxes. *Journal of Political Economy, 128*(12), 4438–4474.

Boiteux, M. (1956). Sur la gestion des monopoles publics astreints à l'équilibre budgétaire. *Econometrica, Journal of the Econometric Society*, 22–40.

Boiteux, M. (1960). Peak-load pricing. *The Journal of Business, 33*(2), 157–179.

Börjesson, M., Eliasson, J., & Rubensson, I. (2020). Distributional effects of public transport subsidies. *Journal of Transport Geography, 84*, 102674.

Borrmann, J., & Finsinger, J. (1999). *Markt und Regulierung.* Vahlen München.

Brockway, P. E., Sorrell, S., Semieniuk, G., Heun, M. K., & Court, V. (2021). Energy efficiency and economy-wide rebound effects: A review of the evidence and its implications. *Renewable and Sustainable Energy Reviews, 141*, 110781.

Brons, M., Nijkamp, P., Pels, E., & Rietveld, P. (2008). A meta-analysis of the price elasticity of gasoline demand A SUR approach. *Energy Economics, 30*(5), 2105–2122.

Brown, S. J., Brown, S. J., Sibley, D. S., & Sibley, D. A. (1986). *The theory of public utility pricing.* Cambridge University Press.

Browning, E. K. (1976). The marginal cost of public funds. *Journal of Political Economy, 84*(2), 283–298.

Brümmerhoff, D. (2011). *Finanzwissenschaft 10.A.* Oldenbourg Wissenschaftsverlag. https://doi.org/10.1524/9783486709605.

Bruvoll, A., & Larsen, B. M. (2004). Greenhouse gas emissions in Norway: Do carbon taxes work? *Energy Policy, 32*(4), 493–505.

Bull, O., Muñoz, J. C., & Silva, H. E. (2021). The impact of fare-free public transport on travel behavior: Evidence from a randomized controlled trial. *Regional Science and Urban Economics, 86*, 103616.

Bulow, J., & Klemperer, P. (2012). Regulated prices, rent seeking, and consumer surplus. *Journal of Political Economy, 1120*(1), 160–186.

Bundesinstitut für Bau-, Stadt- und Raumforschung. (2017). *Aktuelle Trends der Wohnungsbautätigkeit in Deutschland – Wer baut wo welche Wohnungen?* Bundesamt für Bauwesen und Raumforschung. https://bit.ly/3MwiO74.

Busch-Geertsema, A., Lanzendorf, M., & Klinner, N. (2021). Making public transport irresistible? The introduction of a free public transport ticket for state employees and its effects on mode use. *Transport Policy, 106*, 249–261.

Button, K. (2010). *Transport economics.* Elgar.

Byrne, D. P., & De Roos, N. (2019). Learning to coordinate: A study in retail gasoline. *American Economic Review, 109*(2), 591–619.

Calel, R., & Dechezleprêtre, A. (2016). Environmental policy and directed technological change: evidence from the European carbon market. *Review of economics and statistics, 98*(1), 173–191.

Carr, C., & Hesse, M. (2020). Mobility policy through the lens of policy mobility: The post-political case of introducing free transit in Luxembourg. *Journal of Transport Geography, 83*, 102634.

Cats, O., Reimal, T., & Susilo, Y. (2014). Public transport pricing policy: Empirical evidence from a fare-free scheme in Tallinn. *Estonia. Transportation Research Record, 2415*(1), 89–96.

Cats, O., Susilo, Y. O., & Reimal, T. (2017). The prospects of fare-free public transport: evidence from Tallinn. *Transportation, 44*(5), 1083–1104.

Chapelle, G., Wasmer, E., & Bono, P.-H. (2019). Spatial Misallocation and Rent Controls. *AEA Papers and Proceedings, 109*, 389–392.

Chen, H., & Yang, Z. (2009). Residential water demand model under block rate pricing: A case study of Beijing, China. *Communications in Nonlinear Science and Numerical Simulation, 14*(5), 2462–2468.

Dertwinkel-Kalt, M., & Wey, C. (2022). *Why Germany's Gas Price Bra- keËncourages Moral Hazard and Raises Gas Prices* (Techn. Ber.). https://papers.ssrn.com/sol3/papers.cfm?abstract_id=4294767.

Diamond, R., McQuade, T., & Qian, F. (2019). The effects of rent control expansion on tenants, landlords, and inequality: Evidence from San Francisco. *The American Economic Review, 109*(9), 3365–3394.

Dovern, J., Frank, J., Glas, A., Müller, L. S., & Perico Ortiz, D. (2022). Estimating Pass-Through Rates for the 2022 Tax Reduction on Fuel Prices in Germany.

Doyle Jr, J. J., & Samphantharak, K. (2008). $2.00 Gas! Studying the effects of a gas tax moratorium. *Journal of Public Economics, 92*(3-4), 869–884.

Drolsbach, C., Gail, M. M., & Klotz, P.-A. (2022). Pass-through of Temporary Fuel Tax Reductions: Evidence from Europe. Available at SSRN 4250210.

Dullien, S., & Weber, I. M. (2022). Hüochste Zeit fuür einen Gaspreisdeckel: ein wichtiges Instrument im Kampf gegen Energiepreisbelastung. *Wirtschaftsdienst, 102*(8), 595–598.

Edgeworth, F. Y. (1897). The pure theory of taxation. *The Economic Journal, 7*(25), 46–70.

Ellison, R. B., Ellison, A. B., Greaves, S. P., & Sampaio, B. (2017). Electronic ticketing systems as a mechanism for travel behaviour change? Evidence from Sydney's Opal card. *Transportation Research Part A: Policy and Practice, 99*, 80–93.

Europäische Union. (2022). *Financing the CAP [fact sheet].* https://www.europarl.europa.eu/ftu/pdf/en/FTU_3.2.2.pdf.

Fallis, G., & Smith, L. B. (1984). Uncontrolled prices in a controlled market: The case of rent controls. *The American Economic Review, 74*(1), 193–200.

Fearnley, N. (2013). Free fares policies: Impact on public transport mode share and other transport policy goals.

Fetzer, T. (2020). Railway regulation in Germany. In *Handbook on Railway Regulation* (S. 21–33). Elgar.

Foros, Ø., & Steen, F. (2013). Vertical control and price cycles in gasoline retailing. *The Scandinavian Journal of Economics, 115*(3), 640–661.

Fuest, C., Neumeier, F., & Stöhlker, D. (2020). *The pass-through of temporary VAT rate cuts: Evidence from German retail prices* (Techn. Ber.). ifo Working Paper.

Fuest, C., Neumeier, F., & Stöhlker, D. (2021). The Pass-Through of Temporary VAT Rate Cuts: Evidence from German Supermarket Retail.

Fuest, C., Neumeier, F., & Stöhlker, D. (2022). Der Tankrabatt: Haben die Mineralüolkonzerne die Steuersenkung an die Kunden weitergegeben? *Perspektiven der Wirtschaftspolitik, 23*(2), 74–80.

Fujii, S., & Kitamura, R. (2003). What does a one-month free bus ticket do to habitual drivers? An experimental analysis of habit and attitude change. *Transportation, 30*(1), 81–95.

Genakos, C., & Pagliero, M. (2022). Competition and pass-through: Evidence from isolated markets. *American Economic Journal: Applied Economics, 14*(4), 35–57.

Glaister, S. (1976). Peak load pricing and the channel tunnel: A case study. *Journal of Transport Economics and Policy*, 99–112.

Gong, C., Yu, S., Zhu, K., & Hailu, A. (2016). Evaluating the influence of increasing block tariffs in residential gas sector using agent-based computational economics. *Energy Policy*, 92, 334–347.

Götz, G., & Schäfer, J. T. (2020). Financing railways. In *Handbook on Railway Regulation*. Elgar.

Grasso, M., & Manera, M. (2007). Asymmetric error correction models for the oil-gasoline price relationship. *Energy Policy*, 35(1), 156–177.

Gros, D. (2022). Why gas price caps and consumer subsidies are both extremely costly and ultimately futile. *Centre for European Policy Studies*.

Harding, M., Leibtag, E., & Lovenheim, M. F. (2012). The heterogeneous geographic and socioeconomic incidence of cigarette taxes: Evidence from Nielsen homescan data. *American Economic Journal: Economic Policy*, 4(4), 169–98.

Hess, D. B. (2017). Decrypting fare-free public transport in Tallinn, Estonia. *Case Studies on Transport Policy*, 5(4), 690–698.

Hindriks, J., & Serse, V. (2019). Heterogeneity in the tax pass-through to spirit retail prices: Evidence from Belgium. *Journal of Public Economics*, 176, 142–160.

Hoel, M., & Karp, L. (2002). Taxes versus quotas for a stock pollutant. *Resource and Energy Economics*, 24(4), 367–384.

Holmgren, J. (2007). Meta-analysis of public transport demand. *Transportation Research Part A: Policy and Practice*, 41(10), 1021–1035.

Holtemöller, O., Kooths, S., Schmidt, T., & Wollmershauser, T. (2022). Gemeinschaftsdiagnose: Energiekrise, Inflation, Rezession und Wohlstandsverlust. *Wirtschaftsdienst*, 102(10), 761–765.

Jacobsen, M. R., Sallee, J., Shapiro, J. S., & van Benthem, A. A. (2022). *Regulating untaxable externalities: Are vehicle air pollution standards effective and efficient?* CESifo Working Paper, 10132.

Jehle, G., & Reny, P. (2011). *Advanced microeconomic theory* (3. Aufl.). Pearson.

Joskow, P. L. (2007). Regulation of natural monopoly. *Handbook of Law and Economics*, 2, 1227–1348.

Judd, K. L. (1987). The welfare cost of factor taxation in a perfect-foresight model. *Journal of Political Economy*, 95(4), 675–709.

Kahn, A. E. (1970). *The economics of regulation: Principles and Institutions* (Bd. 1). Wiley.

Kahn, A. E. (1971). *The economics of regulation: Principles and Institutions* (Bd. 2). Wiley.

Kaufmann, R. K. (2019). Pass-through of motor gasoline taxes: Efficiency and efficacy of environmental taxes. *Energy Policy*, 125, 207–215.

Keeler, T. E., & Small, K. A. (1977). Optimal peak-load pricing, investment, and service levels on urban expressways. *Journal of Political Economy*, 85(1), 1–25.

Kesternich, M., Von Graevenitz, K., & Wambach, A. (2022). Gas-statt Preisbremse: Wie die Umsetzung von Unterstützungsprogrammen zum Gas- sparen für Haushalte und Unternehmen gelingen kann. *Ifo Schnelldienst*, 75(11), 21–24.

Knieps, G. (2007a). Einführung in die Netzökonomie. In *Netzökonomie: Grundlagen- Strategien- Wettbewerbspolitik* (S. 1–11).

Knieps, G. (2007b). *Netzökonomie*. Springer.

Knieps, G. (2008). *Wettbewerbsökonomie: Regulierungstheorie, Industrieökonomie, Wettbewerbspolitik.* Springer.

Knieps, G., & Weiß, H.-J. (2009). *Fallstudien zur Netzokonomie.* Springer.

Krämer, A., Wilger, G., & Bongaerts, R. (2022). Das 9-Euro-Ticket: Erfahrungen, Wirkungsmechanismen und Nachfolgeangebot. *Wirtschaftsdienst, 102*(11), 873–879.

Kröger, M., Longmuir, M., Neuhoff, K., & Schütze, F. (2022). The costs of natural gas dependency: price shocks, inequality, and public policy.

Krugman, P., & Wells, R. (2021). *Microeconomics* (6. Aufl.). Macmillan.

Laffont, J.-J., et al. (2005). *Regulation and development.* Cambridge University Press.

Lee, B.-K., & Lee, W.-N. (2004). The effect of information overload on consumer choice quality in an on-line environment. *Psychology & Marketing, 21*(3), 159–183.

Li, S., Linn, J., & Muehlegger, E. (2014). Gasoline taxes and consumer behavior. *American Economic Journal: Economic Policy, 6*(4), 302–42.

Lin, B., & Jiang, Z. (2012). Designation and influence of household increasing block electricity tariffs in China. *Energy Policy, 42*, 164–173.

Lin, B., & Li, X. (2011). The effect of carbon tax on per capita CO_2 emissions. *Energy policy, 39*(9), 5137–5146.

Litman, T. (2004). Transit price elasticities and cross-elasticities. *Journal of Public Transportation, 7*(2), 3.

Loewenstein, G., & Prelec, D. (1992). Anomalies in intertemporal choice: Evidence and an interpretation. *The Quarterly Journal of Economics, 107*(2), 573–597.

Marion, J., & Muehlegger, E. (2011). Fuel tax incidence and supply conditions. *Journal of public economics, 95*(9–10), 1202–1212.

Meran, G., Siehlow, M., & von Hirschhausen, C. (2021). *The economics of water: Rules and institutions.* Springer Nature.

Meran, G., & von Hirschhausen, C. (2017). Increasing block tariffs in the water sector-an interpretation in terms of social preferences. *The BE Journal of Economic Analysis & Policy, 17*(3).

Mills, G., & Coleman, W. (1982). Peak-load pricing and the channel tunnel: A re-examination. *Journal of Transport Economics and Policy*, 267–276.

Mohring, H. (1972). Optimization and scale economies in urban bus transportation. *The American Economic Review, 62*(4), 591–604.

Musgrave, R. A. (1973). *Public finance in theory and practice.* McGraw-Hill Kogakusa.

Necker, S., & Steuernagel, A. (2022). Aussetzen von Preissignalen: Sind jetzt Markteingriffe gerechtfertigt? *Ifo Schnelldienst, 75*(11), 17–20.

Newell, R. G., & Pizer, W. A. (2003). Regulating stock externalities under uncertainty. *Journal of Environmental Economics and Management, 45*(2), 416–432.

Noel, M. (2009). Do retail gasoline prices respond asymmetrically to cost shocks? The influence of Edgeworth cycles. *The RAND Journal of Economics, 40*(3), 582–595.

Noel, M. D., et al. (2011). *Edgeworth price cycles.* New Palgrave Dictionary of Economics, Palgrave Macmillan.

Noel, M. D. (2015). Do Edgeworth price cycles lead to higher or lower prices? *International Journal of Industrial Organization, 42*, 81–93.

Oust, A. (2018). The removal of rent control and its impact on search and mismatching costs: Evidence from Oslo. *International Journal of Housing Policy, 18*(3), 433–453.

Pan, Q., Gordon, P., Moore, J., & Richardson, H. W. (2011). Modeling of effects of peak load pricing on metropolitan network and activities. *Transportation Research Record, 2255*(1), 11–19.

Parry, I. W., & Small, K. A. (2005). Does Britain or the United States have the right gasoline tax? *American Economic Review, 95*(4), 1276–1289.

Parry, I. W., & Small, K. A. (2009). Should urban transit subsidies be reduced? *American Economic Review, 99*(3), 700–724.

Phaneuf, D. J., & Requate, T. (2016). *A course in environmental economics: Theory, policy, and practice*. Cambridge University Press.

Pigou, A. (2017). *The economics of welfare*. Routledge.

Pindyck, R. S., & Rubinfeld, D. L. (2003). *Mikroökonomie, fünfte Auflage*. Pearson Deutschland GmbH.

Rabin, M. (1998). Psychology and economics. *Journal of Economic Literature, 36*(1), 11–46.

Ramsey, F. P. (1927). A contribution to the theory of taxation. *The Economic Journal, 37*(145), 47–61.

Rantzien, V. H. a., & Rude, A. (2014). Peak-load pricing in public transport: A case study of Stockholm. *Journal of Transport Literature, 8*, 52–94.

Ribhegge, H. (2011). *Europäische Wirtschafts-und Sozialpolitik*. Springer Verlag.

Ruhnau, O., Stiewe, C., Muessel, J., & Hirth, L. (2022). Gas demand in times of crisis: Energy savings by consumer group in Germany.

Santos, G., Behrendt, H., Maconi, L., Shirvani, T., & Teytelboym, A. (2010). Part I: Externalities and economic policies in road transport. *Research in Transportation Economics, 28*(1), 2–45.

Scherf, W. (2011). *Öffentliche Finanzen. Einführung in die Finanzwissenschaft* (2. Aufl.). Kostanz.

Schnellenbach, J. (2022). Unuübersichtlich, widerspruüchlich, wenig zielgerichtet: Entlastungspakete ohne Gesamtkonzept. *Wie weit kann der Staat uns in Krisen schützen?, 10.*

Schüler, M. (2019). *Der institutionelle Regulierungsrahmen für die europäische Energiewirtschaft* (Bd. 22). Nomos.

Severen, C., & Van Benthem, A. A. (2022). Formative experiences and the price of gasoline. *American Economic Journal: Applied Economics, 14*(2), 256–84.

Shepherd, W. G. (1992). Ramsey pricing: Its uses and limits. *Utilities Policy, 2*(4), 296–298.

Sherman, R. (1989). *The regulation of monopoly*. Cambridge University Press.

Shleifer, A. (1985). A theory of yardstick competition. *The RAND journal of Economics*, 319–327.

Sieg, G. (2018). Kostenloser ÖPNV? Besser gar nicht als falsch einführen. *Wirtschaftsdienst, 98*(3), 154–155.

Sieg, G. (2022). 9-Euro-Ticket: Straßenmaut langfristig sinnvoller. *Wirtschaftsdienst, 102*(8), 576–576.

Sims, D. P. (2007). Out of control: What can we learn from the end of Massachusetts rent control? *Journal of Urban Economics, 61*(1), 129–151.

Smith, L. B., Rosen, K. T., & Fallis, G. (1988). Recent developments in economic models of housing markets. *Journal of Economic Literature, 26*(1), 29–64.

Sun, C., & Lin, B. (2013). Reforming residential electricity tariff in China: Block tariffs pricing approach. *Energy Policy, 60*, 741–752.

Taylor, L. D. (1975). The demand for electricity: A survey. *The Bell Journal of Economics*, 74–110.

Timilsina, G. R. (2018). Carbon pricing for climate change mitigation. *CABI Reviews, 2018*, 1–13.

Timilsina, G. R. (2021). Carbon Taxes. *Journal of Economic Literature*.

Van Goeverden, C., Rietveld, P., Koelemeijer, J., & Peeters, P. (2006). Subsidies in public transport.

Varian, H. R. (2016). Grundzüge der Mikroökonomik. In *Grundzüge der Mikroökonomik*. De Gruyter Oldenbourg.

Vickers, J. (1997). Regulation, competition, and the structure of prices. *Oxford Review of Economic Policy, 13*(1), 15–26.

Vickrey, W. (1980). Optimal transit subsidy policy. *Transportation, 9*(4), 389409.

Vickrey, W. S. (1963). Pricing in urban and suburban transport. *The American Economic Review, 53*(2), 452–465.

Viscusi, W. K., Harrington Jr, J. E., & Sappington, D. E. (2018). *Economics of regulation and antitrust*. MIT press.

Weitzman, M. L. (1974). Prices vs. quantities. *The Review of Economic Studies, 41*(4), 477–491.

Weyl, E. G., & Fabinger, M. (2013). Pass-through as an economic tool: Principles of incidence under imperfect competition. *Journal of Political Economy, 121*(3), 528–583.

Printed in the United States
by Baker & Taylor Publisher Services